हिन्दी कविता
नये-पुराने परिदृश्य

हिन्दी कविता : नये-पुराने परिदृश्य

तंकमणि अम्मा

लोकभारती प्रकाशन

लोकभारती प्रकाशन
पहली मंज़िल, दरबारी बिल्डिंग, महात्मा गाँधी मार्ग
इलाहाबाद-211 001
वेबसाइट : www.lokbhartiprakashan.com
ईमेल : info@lokbhartiprakashan.com
शाखाएँ : 1-बी, नेताजी सुभाष मार्ग, दरियागंज
नयी दिल्ली-110 002
अशोक राजपथ, साइन्स कॉलेज के सामने
पटना-800 006
36-ए, शेक्सपियर सरणी
कोलकाता-700 017

प्रथम संस्करण : 2019

मूल्य : ₹300

लेजर टाइपसेटिंग
प्रखर कम्प्यूटर
झलवा, प्रयागराज

जे.जे आर्ट प्रेस
प्रयागराज द्वारा मुद्रित

Hindi Kavita : Naye Purane Paridrishiya
by Tankmani Amma

ISBN : 978-93-88211-64-2

पुरोवाक्

'हिन्दी कविता : नये-पुराने परिदृश्य' शीर्षक यह ग्रन्थ समय-समय पर लिखे गये मेरे निबन्धों का संकलन है। सन् 1975 से लेकर सन् 2015 तक की लम्बी अवधि के दौरान ये निबन्ध विरचित हुए हैं। केरल के विविध शासकीय महाविद्यालयों में तथा केरल विश्वविद्यालय के हिन्दी विभाग में अध्यापन, शोध तथा शोध निर्देशन के कार्यों में लगे रहने के साथ-साथ साहित्य-साधना के लिए भी मैं समय ढूँढ़ लिया करती थी। कविता मेरी सर्वाधिक प्रिय विधा रही थी, फिर भी निबन्ध और आलोचना के क्षेत्र में ही मैंने ज़्यादा लेखन-कार्य किया है।

प्रस्तुत ग्रन्थ में संकलित अधिकांश निबन्ध विविध राष्ट्रीय एवं अन्तरर्राष्ट्रीय संगोष्ठियों में प्रस्तुत करने के लिए लिखे गये हैं। कतिपय आलेख आकाशवाणी द्वारा प्रसारण के लिए तैयार किये गये हैं। पत्र-पत्रिकाओं नें प्रकाशित कतिपय शोध आलेख भी इसमें शामिल हैं।

हिन्दी कविता से सम्बन्धित निबन्धों को ही प्रस्तुत संकलन में स्थान दिया गया है। पाठकों को हिन्दी कविता के नये और पुराने परिदृश्यों की झलक देने में ये निबन्ध किंचित् ही सही सक्षम निकले तो मैं अपने प्रयास को सार्थक और सफल समझूँगी।

इस संकलन को सुचारु रूप से प्रकाशित कर देनेवाले लोकभारती प्रकाशन के मित्रवर एवं साहित्यानुरागी श्री आमोद महेश्वरी के प्रति मेरा हार्दिक आभार।

सुधी पाठकों के समक्ष यह ग्रन्थ सादर समर्पित है।

तंकमणि अम्मा

पूर्व प्रोफ़ेसर एवं अध्यक्षा, हिन्दी विभाग

पूर्व संकायाध्यक्षा, प्राच्य अध्ययन संकाय,

केरल विश्वविद्यालय

तिरुवनन्तपुरम्

विषय-सूची

भारतीय रामकाव्य परम्परा : हिन्दी का विशेष सन्दर्भ

रामकथा की देशकालजयी संजीवनी शक्ति को रेखांकित करते हुए साक्षात् विधाता ने जो आशीर्वचन दिया था-

"यावत्स्थास्यन्ति गिरयः सरितश्चमहीतले
तावद्रामायण कथा लोकेषु प्रचरिष्यति।"

(अर्थात् जब तक पृथ्वीतल पर पहाड़ और नदियों का अस्तित्व होगा, तब तक रामकथा संसार में प्रचलित रहेगी।) वह अक्षरशः सत्य सिद्ध हुआ है। देशकाल की सारी सीमाओं को लाँघकर विश्व के मानचित्र में रामकथा ने महत्त्वपूर्ण स्थान दर्ज कर लिया है। भारतवर्ष में तो रामकथा मानो जन-जन के मन-प्राण में घुल मिल गयी है, उसके आदर्श से भारतीय जनता इतनी आत्मसात् हो गयी है कि वह आज भी उनका पथ-प्रदर्शन कर रही है। समूचे भारतवर्ष में प्रचलित व्यक्तियों, स्थानों व तीर्थों के नाम, राममन्दिर, उत्तर भारत में प्रचलित 'राम-राम', 'जय राम जी' जैसे अभिवादन शब्द, सन्ध्या समय का राम-नाम जप, विशेष अवसरों पर होनेवाला रामायण पाठ आदि राम व रामकथा की लोकप्रियता के सप्राण प्रमाण हैं।

रामकथा की महत्ता इतनी उत्कृष्ट और राम का चरित्र इतना उज्ज्वल है कि विविध भारतीय भाषाओं में रामकथा पर आधारित काव्यों की परम्पराएँ ही चली हैं। रामकाव्य परम्परा के उद्भव और विकास विषयक अनुसन्धान करनेवाले पण्डितों ने राम को उत्तर वैदिक काल का महापुरुष माना है। उनके मतानुसार वेदों में जगह-जगह राम शब्द का उल्लेख तो मिलता है किन्तु वहाँ उसका प्रयोग दाशरथि राम के लिए न होकर अन्य किसी के लिए हुआ है। उपलब्ध प्रमाणों के अनुसार रामकथा की जानकारी देनेवाला सर्वप्रथम ग्रन्थ महर्षि वाल्मीकि कृत 'रामायण' है। महर्षि वाल्मीकि विश्व के आदिकवि माने जाते हैं तथा 'रामायण' आदिकाव्य। प्रस्तुत कृति में अयोध्या के राजा राम के उदात्त चरित्र का विस्तृत वर्णन मिलता है। संस्कृत तथा विभिन्न भारतीय भाषाओं में रामकथा पर आधारित जितने ही ग्रन्थ विरचित हुए हैं; उन सब का मूलस्रोत वाल्मीकि रामायण ही है। वाल्मीकि ने अपनी कृति में

काव्यनायक के जीवन का ऐसा लेख प्रस्तुत किया है कि यह एक इतिहास ग्रन्थ ही बन गया है। इस काव्य की प्रामाणिकता इस कारण और बढ़ जाती है कि महर्षि वाल्मीकि राजा दशरथ तथा राम के समकालीन थे तथा अपने द्वितीय वनवास के दौरान सीता स्वयं वाल्मीकि के आश्रम में रही थीं और सम्भव है रामायण प्रणेता महर्षि को रामकथा की घटनाओं व चरित्रों का साक्ष्य स्वयं सीता से मिला होगा। और उसी के आधार पर महर्षि ने यह काव्य रचा होगा। वाल्मीकि रामायण के तीन संस्करण माने जाते हैं-

(1) उत्तर पश्चिमीय (2) दाक्षिणात्य तथा (3) गौड़ीय। इन तीनों के पाठ, सर्ग संख्या आदि में अन्तर है फिर भी तीनों ही प्रामाणिक माने जाते हैं। इस काव्य का रचनाकाल कुछ विद्वान् 5वीं शती ईसा पूर्व और कुछ 11वीं शती ईसा पूर्व मानते हैं। जो भी हो यह 'महाभारत' के पूर्व की रचना है तथा भारतीय रामकाव्य का मूलस्रोत भी है।

'महाभारत' के आरण्य, द्रोण व शान्तिपर्व के विविध प्रसंगों में रामकथा का वर्णन मिलता है। शोकाकुल युधिष्ठिर के सम्मुख ऋषि मार्कण्डेय के द्वारा प्रस्तुत रामोपाख्यान अन्य पर्वों में उपलब्ध रामकथा की अपेक्षा काफ़ी विस्तृत है। वाल्मीकि रामायण में राम महापुरुष के रूप में प्रस्तुत हुए हैं तो महाभारत में उनका अवतारी रूप ही उजागर हुआ है।

'श्रीमद्भागवत' के नवम स्कन्ध के दसवें-ग्यारहवें अध्यायों में श्रीराम के चरित का वर्णन मिलता है।

'अध्यात्म रामायण', 'आनन्द रामायण', अद्भुत रामायण', 'भुशुण्डि रामायण' जैसे ग्रन्थों में भी रामकथा की धार्मिक एवं दार्शनिक व्याख्याएँ प्रस्तुत हुई हैं। 'विष्णुपुराण', 'वायुपुराण', 'अग्निपुराण', 'पद्मपुराण' आदि में भी रामकथा के विविध प्रसंगों का उल्लेख मिलता है। इन पुराणों में राम का स्वरूप जो मिलता है वह परब्रह्म का है।

संस्कृत ग्रन्थों के साथ बौद्ध एवं जैन ग्रन्थों में भी रामकथा उपलब्ध होती है। अपने-अपने धर्मों की सद्धान्तिक मान्यताओं के अनुकूल इन ग्रन्थों के प्रणेताओं ने रामकथा में आवश्यक परिवर्तन-परिवर्द्धन भी किया है। बौद्ध जातक कथाओं में 'दशरथ जातक', 'अनामक जातक', 'दशरथ कहानम्' – तीनों में रामकथा का प्रसंग आता है। उनके अनुसार बुद्ध अपने पूर्व के जन्म में राम के रूप में जन्मे थे। 'दशरथ जातक' के अनुसार राम वाराणसी के राजा दशरथ के पुत्र थे, वे वनवास के लिए हिमालय गये, सीता उनकी पत्नी थीं। जातक कथाओं में वर्णित रामकथा के अनुसार हिंसा को टालने के लिए राम स्वयं वनवासी हुए थे।

जैन आचार्यों ने रामकथा को अपने धर्म के विशिष्ट दर्शन और साधना-उपासना

के सिद्धान्तों से अनुप्राणित बनाकर प्रस्तुत किया विमलसूरि कृत 'पउम चरिय' (प्राकृत, प्रथम शती ई.), रविषेणाचार्य कृत 'पद्म पुराण' (संस्कृत, सप्तम शती ई.), स्वयंभू कृत 'पउम चरिउ' (नवम शती ई.), गुणभद्र कृत 'उत्तर पुराण' (संस्कृत, नवम शती ई.) आदि रामकथा का अपने ढंग से आख्यान करनेवाले जैन ग्रन्थ हैं। जैन परम्परा की रामकथा काफ़ी परिवर्तित एवं विकृत है। इस परम्परा के अनुसार राम का मूल नाम पद्म है। वे इक्ष्वाकु कुलोत्पन्न थे और जैन धर्मावलम्बी थे। वे जैन-प्रतिमाओं के दर्शन और स्तुति करते थे, जैन मुनियों का स्वागत-सत्कार भी करते थे। सांसारिक सुखों से विरक्त होकर वे वनवास ग्रहण करके सीता व लक्ष्मण के साथ दक्षिण की ओर जाते हैं। हिंसा से वे काफी विमुख रहते थे। यही कारण है कि खर-दूषण आदि का वध तथा यहाँ तक कि रावण-वध जैसे हिंसा कार्य भी लक्ष्मण के हाथों किये जाते हैं। जैन रामकथा के मुताबिक राम गोरे और लक्ष्मण श्याम थे और राम के आठ हजार रानियाँ थीं जिननें सीता तथा अन्य तीन रानियाँ प्रमुख थीं। लक्ष्मण की मृत्यु के उपरान्त राम मुनि होकर साधनारत हो जाते हैं और मोक्ष प्राप्त कर लेते हैं। जैन रामकथा में राम अष्टम बलभद्र, लक्ष्मण नारायण तथा रावण प्रतिनारायण हैं। इस सामान्य कथातत्त्व को जैन कवियों ने अपनी प्रतिभा के सहारे काव्य रूप दे दिया है।

वैष्णव भक्ति आन्दोलन के दौरान रामभक्ति को पुनः प्रश्रय मिला और रामभक्ति सम्बन्धी काव्यों का प्रणयन प्रभूत मात्रा में होने लगा। वैष्णव भक्ति सर्वप्रथम आलवार सन्तों की वाणी के माध्यम से दक्षिण भारत में प्रस्फुटित हुई और फिर उत्तर भारत में उसका विकास हुआ। आलवार भक्तों की 'तिरुवायूमोषि' में रामभक्ति का अनोखा वर्णन उपलब्ध होता है। सातवें आलवार केरल के चेरवंशी राजा कुलशेखर अनन्य रामभक्त थे। माना जाता है कि एक बार रामकथा के अन्तर्गत सीताहरण का प्रसंग सुनते ही भावावेग में इन्होंने तुरन्त अपनी सेना को लंका पर चढ़ाई करने की आज्ञा दे दी थी। उत्तर भारत में रामभक्ति का प्रवर्तन आचार्य रामानुज की परम्परा के राघवानन्द द्वारा प्रारम्भ हुआ और उनके शिष्य रामानन्द ने उसे युगानुकूल भावभूमि प्रदान की। हिन्दी का भक्तिकालीन रामकाव्य मूलतः इन्हीं के सिद्धान्तों से अनुप्रेरित है।

हिन्दी के साथ-साथ अन्य सभी भारतीय भाषाओं में भी मर्यादा पुरुषोत्तम रामचन्द्र के जीवन-चरित को लेकर विविध काव्य विरचित हुए। बँगला भाषा में कृत्तिवास कृत 'रामायण', तमिल के महाकवि कम्बन की 'कम्ब रामायण', तेलुगु की 'रंगनाथ रामायण', 'भास्कर रामायण', मराठी के सन्त एकनाथ की 'भावार्थ रामायण' मलयालम में महात्मा एषुत्तच्छन की 'अध्यात्म रामायण' आदि भारतीय रामकाव्य परम्परा के अनूठे काव्यग्रन्थ हैं। 'कृत्तिवास रामायण', 'वाल्मीकि रामायण' के गौड़ीय

पाठ से तथा 'कम्ब रामायण', रंगनाथ रामायण' और 'भास्कर रामायण' उसके दाक्षिणात्य पाठ से प्रभावित हैं।

इस सन्दर्भ में हिन्दी की रामकाव्य परम्परा का एक संक्षिप्त अनुशीलन वांछनीय महसूस होता है। यह तो सुखद आश्चर्य की ही बात है कि हिन्दी के सर्वप्रथम काव्यग्रन्थ 'पृथ्वीराज रासो' के मंगलाचरणवाले प्रसंग में अड़तीस छन्दों में रामावतार का वर्णन हुआ है। राम-जन्म, राम वनगमन, राम-रावण युद्ध, सीता-उद्धार जैसे रामकथा के मार्मिक प्रसंगों का उल्लेख उसमें हुआ है। तत्कालीन युगीन प्रवृत्तियों के अनुरूप हनुमान, मेघनाद, लक्ष्मण आदि की वीरता का बढ़ा-चढ़ाकर वर्णन इसमें हुआ है।

रामकथा के औदात्य को जनमानस की भावभूमि पर प्रतिष्ठापित करने का श्रेय वस्तुतः हिन्दी के भक्तिकालीन कवियों को ही प्राप्त हुआ है। महात्मा कबीर निर्गुण राम के उपासक थे। उन्होंने कहा—

"दशरथ सुत तिहुँ लोक बखाना
राम नाम का मरम है आना।"

सगुण राम के उपासक गोस्वामी तुलसीदास के अनुसार तो—

"जेहि इमि गावहिं बेद बुध
जाहि धरहि मुनि ध्यान
सोइ दसरथ सुत भगत हित
कोसलपति भगवान।"

स्वामी रामानन्द, अग्रदास, ईश्वरदास आदि तुलसीदास के पूर्व आनेवाले रामभक्त कवि हैं। हिन्दी के रामभक्त कवियों में गोस्वामी तुलसीदास जी का सर्वश्रेष्ठ स्थान है तथा उनका 'रामचरितमानस' हिन्दी का सर्वश्रेष्ठ रामकाव्य है।

गोस्वामी तुलसीदास के पश्चात् प्राणचन्द (रामायण महानाटक), हृदयराम (हनुमन्नाटक), केशवदास (रामचन्द्रिका), नाभादास (भक्तमाल), सेनापति आदि कवियों ने रामकाव्यों का प्रणयन किया है।

हिन्दी के आधुनिक काल में भी रामकथा पर आधारित कई प्रबन्धकाव्य प्रणीत हुए। द्विवेदी-युग में अयोध्यासिंह उपाध्याय 'हरिऔध' जी ने रामकथा को उपजीव्य बनाकर 'वैदेही वनवास' की रचना की। मैथिलीशरण गुप्त जी ने एक ओर 'साकेत' नामक महाकाव्य की रचना की तो दूसरी ओर 'पंचवटी' जैसे खण्डकाव्य भी रचे। 'साकेत' में लक्ष्मण पत्नी उर्मिला को प्रमुख स्थान देते हुए कवि ने रामकथा की प्रस्तुति की है। रामायणी कथा की लक्ष्मण-शूर्पणखावाली घटना को आधार बनाकर 'पंचवटी' काव्य विरचित है। साकेत-सन्त, ऊर्मिला जैसे प्रबन्धकाव्य भी रामकथा पर आधारित आधुनिक काव्य हैं। आधुनिक युग में आकर रामकथा के प्रसंगों को

उसी रूप में पुनराख्यान करने की प्रवृत्ति गौण होती गयी। कविगणों ने उक्त प्रसंगों को मौलिक उद्भावनाओं व नवीन बौद्धिक व्याख्याओं के साथ पेश करने का प्रयास किया।

छायावाद-युग में महाप्राण निराला ने 'राम की शक्ति-पूजा' शीर्षक अपनी लम्बी आख्यानक कविता में रामकथा के एक प्रसंग को नवजीवन प्रदान किया है। छायावादी शैली में प्रणीत यह कविता हिन्दी रामकाव्य परम्परा में एक नूतन प्रयोग है।

कैकेयी (शेषमणि शर्मा), अग्नि पथ (अनूप शर्मा), दशानन (कैलाश तिवारी), भूमिजा (रघवीर शरण मित्र), चित्रकूट (त्रिवेदी रामानन्द शास्त्री), संशय की एक रात (नरेश मेहता) पाषाणी (शरण बिहारी गोस्वामी), सौमित्र (रामेश्वर दयाल दुबे) आदि रामकथा पर आधारित छायावादोत्तर काव्यग्रन्थ हैं।

रामकथा को नवयुगानुकूल नवीन परिप्रेक्ष्य में पेश करने का प्रयास इन काव्यों में हुआ है। छायावादोत्तर रामकाव्य प्रणेताओं ने अपने काव्यों में वर्तमान में अतीत के प्रक्षेपण का कार्य सफलतापूर्वक सम्पन्न किया है।

सन् साठ के बाद विरचित कतिपय मिथक काव्यों ने अपने कथ्य के रूप में रामकथा के विविध प्रसंगों को स्वीकार किया है। श्रीनरेश मेहता कृत 'संशय की एक रात' (1962) ऐसा ही एक प्रबन्धकाव्य है। इसकी कथावस्तु राम-रावण युद्ध की पूर्व सन्ध्या से प्रातःकाल तक चलनेवाले प्रज्ञामानस राम के अन्तर्द्वन्द्व को प्रस्तुत करती है। समस्त काव्य में आधुनिक युग का सारा संशय एक मूल्यगत संक्रमण के रूप में प्रतिष्ठित होता है। आधुनिक संशयग्रस्त मानव के प्रतीक के रूप में प्रस्तुत काव्य में राम की अवधारणा हुई है। आधुनिक युग के खण्डित व्यक्तित्व (Spilt personality) का मानो वे प्रतीक बन गये हैं।

'प्रवाद पर्व' में श्रीनरेश मेहता जी ने रामकथा के एक और नये परिप्रेक्ष्य में पेश किया है। धोबी के प्रवाद पर राम के द्वारा सीता के परित्याग की कथा ही काव्य का आधार है। किन्तु काव्य में कथा का स्थान अति गौण है। व्यक्ति और राज्य, राष्ट्र और राजा के सम्बन्ध, अभिव्यक्ति की स्वाधीनता आदि ही इस काव्य के मुख्य मुद्दे बन गये हैं।

सन् सतहत्तर में विरचित जगदीश गुप्त जी का 'शम्बूक' खण्डकाव्य भी रामकथा के और एक प्रसंग को नया रूप-रंग देता है तथा समकालीन चेतना को उभार देता है। प्रस्तुत काव्य में कवि ने स्पष्टतः स्वार्थसम्मत व्यवस्था के अमानवीयवादी दृष्टिकोण को विरोध करते हुए वर्गसंघर्ष तथा टकराहट को सामयिक समस्या की परिसीमा से भी ऊपर उठाकर सार्वकालिक समस्या के रूप में अभिव्यंजित किया है।

रामकथा के विविध प्रसंगों को नूतन अर्थवत्ता के साथ पेशकर उन्हें युग-सन्दर्भ

के साथ जोड़ने का प्रयास समसामयिक राम काव्यों पर दृष्टिगोचर होता है। 'हरि अनन्त हरिकथा अनन्ता' वाली तुलसी की उक्ति वस्तुतः सार्थक निकली है कोई सन्देह नहीं, रामकाव्य की परम्परा अटूट और गतिशील ही रहेगी।

सन्दर्भ-ग्रन्थ

'रामकथा' - कामिल बुल्के

'रामचरितमानस और पूर्वाञ्चलीय रामकाव्य - डॉ. रमानाथ त्रिपाठी

'द रामायण ट्रेडिशन इन एशिया' - साहित्य अकादमी प्रकाशन

'श्रीराम स्मारिका' - नयी दिल्ली

'रामकथा : विविध आयाम' : सं. डॉ. भगीरथ मिश्र

‘रामचरितमानस’ में समाज-चित्रण

जिस समय भारतवर्ष विदेशी आक्रमणों से आक्रान्त हो उठा था, समाज में छोटे-बड़े, आर्य-अनार्य, निर्गुण-सगुण, अवर्ण-सवर्ण, शैव-वैष्णव सब आपस में संघर्षरत थे और सामाजिक जीवन ही विशृंखल हो चला था, उस समय एक ऐसे लोकनायक का आविर्भाव हुआ, जिसने अपनी अद्भुत समन्वयक्षमता के बल पर इन सभी विरोधी तत्त्वों का समन्वय किया और समाज में एक नवचेतना का संचार किया। वे लोकनायक थे गोस्वामी तुलसीदास तथा उनकी समन्वयकारी प्रतिभा का प्रत्यक्ष प्रमाण रहा उनका प्रौढ़तम महाकाव्य ‘रामचरितमानस’ जो उनकी अक्षय कीर्त्ति का आधार है। तुलसी कृत ‘मानस’ विश्वसाहित्य की ही अमर एवं सर्वोत्कृष्ट काव्यकृति है जो युग-युगों तक जन-जीवन का पथ-प्रदर्शन करने में सक्षम है।

रामचरितमानस में एक ओर युगद्रष्टा कवि तुलसीदास ने तत्कालीन भारतीय समाज का सच्चा-खासा चित्र खींच लिया है तो दूसरी ओर युगस्रष्टा कलाकार तुलसी ने रामराज्य में रूप में आदर्श समाज का सम्मोहक एवं भव्य चित्र भी उपस्थित किया है। मानस के विशाल दायरे में समाज और जीवन के समस्त अंगों के सर्वांगपूर्ण चित्रण की गुंजाइश रही है।

तत्कालीन भारतीय समाज का व्यापक एवं बहुआयामी चित्रण मानस में मिलता है। मानस में मुख्यतया तीन राज्यों का वर्णन हुआ है उत्तर भारत की अयोध्या का, मध्यभारत की किष्किन्धा का तथा दक्षिणी द्वीप लंका का। मानस में चित्रित समाज मुख्य रूप से गाँवों और नगरों में विभक्त है। वनों में भी छोटी-छोटी बस्तियाँ हैं। इनमें आर्यों और अनार्यों का अधिवास है। वनों में जगह-जगह पर बड़े-बड़े ऋषि-मुनियों का निवास है। ऋषि-मुनियों के तपस्यापूर्ण जीवन के चित्रण के साथ-साथ मानस में वनवासी असभ्य जातियों की जीवनचर्या भी चित्रित है। वन के कन्दमूल खाकर तथा आखेट में जीवन बितानेवाली असभ्य जातियों का वर्णन कवि यों करते हैं—

"लोक-वेद सब भांतिहि नीचा
जासु ध्वाँह धुई लेइअ सींचा।"

साधारण जीवन बितानेवाले मामूली मानव, अहिंसात्मक तपस्वी जीवन बितानेवाले ऋषि-मुनि, हिंसात्मक जीवन बितानेवाले राक्षस सब तत्कालीन समाज के अंग रहे। यद्यपि मानस में गोस्वामी जी ने गाँवों तथा नगरों दोनों का ही वर्णन किया है फिर भी यह स्पष्टतया दृष्टिगत होता है कि नगर-जीवन के चित्रण में ही गोस्वामी जी का मन अधिक रमा है। अयोध्या, मिथिला जैसी पुरियों का तथा वहाँ के जन-जीवन का विस्तृत वर्णन मानस में यत्र-तत्र मिलता है। राम के वनवास के प्रसंग में ग्रामीण नर-नारियों के भोलेपन का चित्र भी अंकित है। तत्कालीन समाज में प्रचलित परम्पराओं, मान्यताओं व रूढ़ियों का चित्रण भी मानस में मिलता है। विभिन्न शकुनों, अन्धविश्वासों का वर्णन भी इसके अन्तर्गत आते हैं। विवाह जैसे सामाजिक संस्कारों का विशद वर्णन मानस में उपलब्ध होता है तो जातकर्म, नामकरण, चूड़ाकर्म, अन्त्येष्टि जैसे सामाजिक संस्कारों का चित्रण भी काव्य में मिलता है।

वस्तुतः मानस में तत्कालीन समाज की राजनैतिक, धार्मिक एवं आर्थिक स्थितियों के चित्र उभरकर आये हैं। उस समाज में चारों ओर अव्यवस्था का बोलबाला था। आमोद-प्रमोद में मदमत्त राजाओं के अत्याचारों से पीड़ित प्रजा आपनी सामाजिक, धार्मिक व नैतिक आदर्शों व मर्यादाओं को कभी की खो चुकी थी। वर्णाश्रम व्यवस्था नष्ट-भ्रष्ट हो चुकी थी। तुलसीदास के शब्दों में –

"बरन धरम नाहिं आश्रम चारी।
श्रुति विरोध रत सब नर नारी॥"

विविध प्रकार के आडम्बरों, पन्थों व सम्प्रदायों में विभक्त तथाकथित धार्मिक समाज पाखण्ड, अनाचार, दम्भ एवं धूर्तता की क्रीड़ाभूमि बनी हुई थी। सब-के-सब अपने कर्त्तव्य से च्युत होकर पथभ्रष्ट हो चले थे। धर्म इस ग्लानि पर स्वयं धरा भी व्याकुल थी। समाज का रूप ही विकृत हो चला था। समाज का ऐसा विकृत रूप गोस्वामी जी को कदापि मान्य नहीं। आपने अपनी क्रान्तिदर्शिता के बल पर समाज की इस कुरूपता को दूर करने का ही दृढ़संकल्प किया। उन्होंने अपनी प्रखर प्रतिभा एवं दूरदर्शिता के बल पर समाज में फैली विशृंखलताओं को दूर करने के लिए मानस में रामराज्य के रूप में एक ऐसे समाज की सृष्टि की और धार्मिक, सामाजिक एवं राजनैतिक स्थितियों के गिरते हुए खँडहरों को सहारा दिया और समाज को आस्था के चरण प्रदान किये।

तुलसीदास कट्टर मर्यादावादी थे। समाज में यत्र-तत्र-सर्वत्र वे मर्यादा की पाबन्दी चाहते थे। जबसे रामचन्द्र जी का शासन अथवा रामराज्य शुरू हुआ तब से

सब जन हर्षित हुए और रोग-शोक सब दूर हुए। तुलसी के शब्दों में रामराज्य का वर्णन लें—

"राम राज बैठे त्रैलोका। हरषित भए गए सब सोका।
× × ×
बरनाश्रम निज निज धरम निरत बेद पथ लोग
चलहिं सदा पावहिं सुखहि नहिं भय सोक न रोग।"

मानस में वर्णित आदर्श समाज के मूल में वर्णाश्रम धर्म की पुनर्प्रतिष्ठा ही निहित है। रामराज्य में वर्णाश्रम धर्म की पूर्ण प्रतिष्ठा है। सब लोग अपने-अपने वर्ण और आश्रम के अनुकूल धर्मनिरत हुए। उन्हें न किसी बात का शोक है या रोग की सताता है। ऐसे आदर्श समाज के सभी नर-नारी उदार हैं, सभी परोपकारी हैं, ब्राह्मणों के चरण-सेवक हैं। सारे पुरुष एकपत्नीव्रती हैं तथा नारियाँ भी मन, वचन एवं कर्म से पति-हित करनेवाली हैं। राजा भी प्रजा के मंगल को लक्ष्य करके राज करता है। समाज के नेता या प्रमुख के बारे में मानसकार का अभिमत है-

"मुखिया मुख सों चाहिए खान पान को एक।
पाले पोसे सकल अंग तुलसी सहित बिबेक ॥"

तुलसी की राय में राजा के दोषों तक पर विचार-विमर्श करने का अधिकार प्रजा को प्राप्त है। प्रजा जन सुखी और संतृप्त रहें तो राजा भी प्रसन्न होते हैं। वस्तुतः सामाजिक सुस्थिरता के लिए एक सुव्यवस्थित एवं सुगठित शासन-व्यवस्था का जो अनिवार्यता है उस पर तुलसी ने मानस में जोर दिया है। मानस में वर्णित सामाजिक वर्णव्यवस्था में जातिवाद की संकीर्णता या भेदभाव के लिए कोई गुंजाइश नहीं। वह शुद्ध कर्मप्रधान हैं पवित्र कर्म करनेवाले शूद्र के महत्त्व का अंकन मानस में मिलता है। निषाद गुह, शबरी तथा अरण्यवासी वानरों व भालुओं के प्रति राम के व्यवहार इसके स्पष्ट प्रमाण प्रस्तुत करनेवाले हैं।

''मानस' के समाज का मूलाधार वस्तुतः परिवार ही है। आदर्शनिष्ठ व्यक्तियों से सम्मिलित आदर्श परिवार ही मानस के आदर्श समाज को जन्म देता है। मानसकार के अभिमत में परिवार ही समस्त समाज की सुख-शान्ति का केन्द्रबिन्दु है। रामचरितमानस में कवि ने आदर्श परिवार तथा उसके अन्तर्गत आदर्श माता-पिता, पति-पत्नी, भाई-बन्धु, गुरु-शिष्य, सेव्य-सेवक जैसे सम्बन्धों के अत्यन्त रुचिर एवं अनुकरणीय उदाहरण प्रस्तुत किये हैं। मानस का हर एक पात्र समाज के सम्मुख कोई-न-कोई आदर्श प्रस्तुत करता है।

गोस्वामी तुलसीदास की संकल्पना में जो आदर्श समाज था वही मानस में साकार हो उठा है। मानस में चित्रित यह 'आदर्श लोक' जिसे कतिपय विद्वान् तुलसी का 'युटोपिया' पुकारते हैं, सचमुच सामाजिक आदर्श के उस परमोदात्त रूप को

उद्घाटित करता है जिसे पाने को अधुनातन प्रजातान्त्रिक शासन भी ललचा उठता है। हमारे राष्ट्रपिता महात्मा गाँधी तुलसीदास के इस 'रामराज्य' से इतने प्रभावित थे कि वे भी स्वतन्त्र भारत में रामराज्य के सपने का साक्षात्कार चाहते थे। किन्तु आसमान का यह कुसुम इन्सान की पकड़ में मुश्किल से ही आ पायेगा।

समन्वयकारी लोकनायक तुलसीदास ने मानस के विराट् परिप्रेक्ष्य में तत्कालीन भारतीय समाज की तमाम सारी विशृंखलताओं का रेखांकन किया है तथा परम्परागत भारतीय समाज व्यवस्था के अन्तर्गत ही रामराज्य की प्रतिष्ठापना करके युगीन समस्याओं का समाधान प्रस्तुत करने का प्रयास किया है। 'स्वान्तः सुखाय' का गायन करनेवाले कवि ने कभी भी समाज की उपेक्षा नहीं की है। उनका स्वान्तः सुखाय परजन सुखाय और परजन हिताय है। तभी तो उनकी 'स्वान्तः सुखाय' कविता भी 'सुरसरि सम सब कहँ हितकारी' निकल गयी है।

'कवितावली' के मार्मिक प्रसंग

हिन्दी के सगुणोपासक रामभक्त कवियों में महात्मा तुलसीदास का विशिष्ट स्थान है। हिन्दी साहित्य की उत्कृष्टतम रचना 'रामचरितमानस' तुलसी की अक्षय कीर्त्ति का आधार है। तुलसीदास कृत रचनाओं में 'रामचरितमानस' और 'विनयपत्रिका' के उपरान्त 'कवितावली' का स्थान आता है। कवित्त रामायण, कवितावली रामायण जैसे नामों से भी कवितावली अभिहित है। कवितावली में रामकथा से जुड़े विविध प्रसंगों की सुन्दर झाँकियाँ अंकित हैं। कविता, सबैया और छप्पय की प्राचीन पद्धति में यह काव्य विरचित हुआ है। रामचरित के अतिरिक्त प्रस्तुत कृति में तुलसी के जीवन तथा उनके युग-परिवेश के मार्मिक प्रसंग भी अंक्रित हुए हैं। कवितावली के उत्तरकाण्ड में तो ऐसे प्रसंग खूब उभरकर आये हैं। परिशिष्ट में 'हनुमानबाहुक' के पद भी हैं।

'कवितावली' ब्रजभाषा में विरचित मुक्तक काव्य है। 'रामचरितमानस' के समान 'कवितावली' में भी सात काण्ड हैं- बालकाण्ड, अयोध्याकाण्ड, अरण्यकाण्ड, किष्किन्धाकाण्ड, सुन्दरकाण्ड, लंकाकाण्ड और उत्तरकाण्ड। बालकाण्ड से लेकर लंकाकाण्ड तक के काण्डों में राम के बालरूप वर्णन से लेकर राम-रावण युद्ध तक के विविध प्रसंग वर्णित हैं। उत्तरकाण्ड में विनय, रामयश वर्णन, कलिकाल वर्णन, काशी के महामारी का वर्णन आदि है। कुल मिलाकर कवितावली में चार सौ पच्चीस पद हैं। परिशिष्ट के रूप में 'हनुमानबाहुक' भी इसमें संकलित है। अपनी दुःसह बाहुपीड़ा से मुक्ति के लिए इसमें तुलसीदास ने हनुमान से प्रार्थना की है।

तुलसीदास रससिद्ध कवि हैं। प्रतिभावान् कवि वही होता है जो अपने वर्ण्य-विषय के मार्मिक स्थलों की सही पहचान करता है और उनका सटीक और सप्राण वर्णन प्रस्तुत करता है। 'कवितावली' में ऐसे अनगिनत प्रसंग आते हैं जिनका मार्मिक चित्रण पूरे मनोयोग और काव्यकौशल के साथ तुलसीदास ने किया है।

कवितावली के बालकाण्ड का पहला पद ही इसका सप्राण प्रमाण है। वात्सल्य रस का अत्यन्त मनोज्ञ चित्र इसमें खींचा गया है–

अवधेस के द्वारे सकारे गई, सुत गोद कै भूपति लै निकसे।
अवलोकि हौं सोच विमोचन को, ठगि-सी रही, जो न ठगे धिक से ॥
तुलसी मनरंजन रंजित अंजन, नैन सु खंजन जातक से।
सजनी ससि में समसील उभै, नवनील सरोरुह से बिकसे ॥

प्रसंग है – अयोध्या के महाराजा दशरथ के दरवाज़े पर जाकर शिशु रामचन्द्र के सौन्दर्य का दर्शन करके लौटनेवाली एक स्त्री अपनी सखी से कहती है- मैं सुबह ही अवधेश के दरवाज़े पर पहुँची थी कि राजा दशरथ अपने पुत्र को गोद में लिये हुए बाहर आये। उनकी गोद में सुशोभित, सर्वसंताप और शोक हरण श्री रामचन्द्र को देखकर मैं अवाक् रह गयी और खो-सी गयी। मैं ही नहीं, बल्कि देखनेवाले किसी की भी यही स्थिति हो सकती है। यदि किसी की स्थिति ऐसी न हो तो उसे धिक्कार है। तुलसीदास कह रहे हैं कि मन को अनुरंजित करनेवाले, सुन्दर खंजन शावक के समान उनके दोनों नेत्र ऐसे लगते थे मानो चन्द्रबिम्ब के समान सौन्दर्यवाले दो नीलकमल युगवत् खिले हों। अनुप्रास, उपमा, उत्प्रेक्षा आदि अलंकारों की छटा में यह छन्द अत्यन्त मर्मस्पर्शी बन पड़ा है।

बाललीला का और एक प्रसंग लें-

"कबहूँ ससि माँगत आरि करैं, कबहूँ प्रतिबिंब निहारि डरैं।
कबहूँ करताल बजाइ कै नाचत, मातु सबै मन मोद भरैं ॥
कबहूँ रिसिआइ कहैं हठि कै, पुनि लेत सोई जेहि लागि अरैं।
अवधेस के बालक चारि सदा, तुलसी मन-मंदिर में बिहरैं ॥

अर्थात् राजा दशरथ के चारों पुत्र बड़े हठी हैं। कभी चन्द्रमा के लिए हठ कर बैठते हैं और कभी अपने ही प्रतिबिम्ब देखकर डरने लगते हैं। कभी ताली बजा-बजाकर नाच उठते हैं तथा सभी माताओं को आनन्दित कर देते हैं। कभी जब किसी चीज़ की माँग करते हैं और हठ पकड़ लेते हैं तो उसे बिना लिये नहीं छोड़ते।

तुलसीदास अभिलाषा करते हैं कि इस प्रकार शिशु क्रीड़ा करनेवाले वे चारों बालक उनके मन रूपी मन्दिर में सदा विचरण करते रहें।

कवितावली के अयोध्याकाण्ड में कितने ही मार्मिक प्रसंग भरे पड़े हैं। एक का आस्वाद लें–

"पुर तें निकसीं रघुवीर-वधू, धरि धीर दये मग में डग द्वै।
झलकीं भरि भाल कनी जल की, पुट सूखि गए मधुराधर वै ॥
फिरि बूझति है "चलनो अब केतिक, पर्नकुटी करिहौ कित है?
तिय की लखि आतुरता पिय की अँखियाँ अति चारु चलीं जल च्वै ॥"

रघुवीर की वधू सीता अयोध्या नगरी से निकलकर बड़े ही धैर्य से वनमार्ग में जैसे ही दो कदम रखे कि उनके माथे पर पसीने की बूँदें झलकने लगीं और उनके

कोमल ओंठ सूख गये। उन्होंने राम से पूछा, 'अभी कितनी दूर चलकर पर्णकुटी बनाइयेगा।' सीता की आतुरता और शिशु-सुलभ भोलेपन को देखकर श्रीराम जी की कमनीय आँखों से आँसू बहने लगे।

सीता की सुकुमारता और उनके प्रति राम के असीम स्नेह का वर्णन यहाँ हुआ है। पूरा सवैया व्यंजनाशक्ति से सम्पूर्ण है। वनवासी श्रीराम और सीता के परस्पर प्रेम के भव्य वर्णन का और एक प्रसंग लें—

थोड़ी ही दूर चलकर जानकी थक गयीं। वे कुछ देर तक रुककर विश्राम करना चाहती थीं। इसलिए जब लक्ष्मण जल लेने गये तो सीता ने राम से जो कहा इसका हृदयहारी वर्णन तुलसी ने प्रस्तुत किया है—

"जल को गए लक्खन हैं लरिका, परिखौ पिय! छाँह घरीक ह्वै ढाढे।
पोंछि पसेउ बयारि करौं, अरु पाँय पखारिहौं भूभुरि- डाढ़े ॥
तुलसी रघुवीर प्रिया श्रम जानिकै, बैठि विलंब लौं कंटक काढ़े।
जानकी नाह को नेह लख्यो, पुलको तनु बारि विलोचन बाढे ॥

इन पंक्तियों में जानकी की वाक् चातुरी और सीता की थकावट को जानकर अधिक समय तक विश्राम देने के लिए राम द्वारा कण्टक निकालने के सुमधुर बहाने की सुन्दर अभिव्यक्ति हुई है। सीता राम से बोलीं- 'लक्ष्मण अभी लड़के हैं, वन में जल लेने गये हैं इसलिए हे प्रिय! उनकी प्रतीक्षा कर ली जाय, इस बीच में आपके श्रम-सीकरों को पोंछकर अपने अंचल से बयार कर दूँ फिर तप्त धूलि में दग्ध आपके पैरों को धो दूँगी।' सीता की बातों से उन्हें कलान्त जानकर कण्टक निकालने के बहाने बहुत देर तक राम बैठे रहे। सीता ने प्रिय के इस प्रगाढ़ अनुराग को देखा तो उनका तन पुलकित हो उठा और नेत्रों में आँसू भर आये।

अयोध्याकाण्ड का ग्रामवधू सीता संवाद प्रसंग भी अतीव मनोहारी बन पड़ा है। तीनों वनचारियों को देख—

"पूछति ग्रामवधू सिय सों- "कहौ साँवरे से, सखि रावरे को हैं?"

इस प्रसंग में तुलसीदास वर्णन करते हैं-

"सुनि सुन्दर बैन सुधारस साने, सयानी हैं जानकी जानी भली।
तिरछे करि नैन दै सैन तिन्हें समुझाइ कछू मुसुकाइ चली ॥
तुलसी तेहि औसर सोहैं सबै अवलोकति लोचन-लाहु अली।
अनुराग-तड़ाग में भानु उदै बिगसीं मनों मंजुल कंज-कली ॥

ग्रामवधुओं ने सीता से जब पूछा कि "कहौ साँवरे से सखि, रावरे को हैं?" ग्रामवधुओं की अमृतमयी वाणी में इस प्रश्न को सुनकर जानकी ने समझ लिया कि वे अत्यन्त चतुर हैं। संक्षिप्त उत्तर भी उनके लिए पर्याप्त होगा। इसलिए नेत्रों को थोड़ा तिरछा करके ही उन्होंने ग्रामवधुओं को कुछ समझाया और मुसकुराकर आगे

चल दीं। श्रीराम का परिचय पाकर जब वे ग्रामवधुएँ अपने नेत्रों के लाभ रूप श्री रामचन्द्र को निहारने लगीं तो आनन्द में शराबोर वे ऐसी प्रतीत हुईं मानो सूर्योदय के बाद अनुराग-सरोवर में कमल की सुन्दर कलिकाएँ विकसित हो गयी हों।

इस प्रसंग का वर्णन गोस्वामी तुलसीदास जी रामचरितमानस में थोड़ा विस्तार से किया है-

सुनि सनेहमय मंजुल बानी। सकुची सीय मन महुँ मुसुकानी।
तिनहिं बिलोकि बिलोकति धरनी। दुहुँ संकोच सकुचत बरबरनी।
सकुचि सप्रेम बाल मृग नयनी। बोली मधुर बचन पिक बयनी ॥
सहज सुभाय सुभग तन गोरे। नामु लखनु लघु देवर मोरे।
बहुरि बदन बिधु अंचल ढाँकी। पिय तन चितइ भौंह करि बाँकी ॥
खंजन मंजु तिरीछे नयननि। निज पति कहेउ तिन्हहिं सिय सयननि ॥

कवितावली और मानस दोनों की काव्यों में कविवर तुलसीदास ने इस प्रसंग का भव्य एवं हृदयहारी वर्णन किया है। एक ओर कुलवधू की मर्यादा का पालन भी हो गया और दूसरी ओर ग्रामवधुओं को अपने प्रश्न का उत्तर भी मिला। संयोग श्रृंगार का यह भव्य वर्णन अनूठा और अपूर्व बन पड़ा है।

सुन्दरकाण्ड का लंका दहन वर्णन भी सप्राण बन पड़ा है।

बालधी बिसाल बिकराल ज्वाल-जाल मानौं,
लंक लीलिबे को काल रसना पसारी है।
कैधों व्योम बीथिका भरे हैं भूरि धूमकेतु
वीर रस बीर तरवारि-सी उघारी है।
तुलसी सुरेस चापु, कैधों दामिनी कलाप
कैधों चली मेरु तें कृसानु-सरि मारी है।
देखे जातुधान जातुधानी अकुलानी कहै
कानन उजार्‍यो अब नगर प्रजारी है ॥

तुलसीदास लंका दहन का वर्णन करते हुए कहते हैं- भीषण अग्निज्वाला से सम्पृक्त लम्बी पूँछ को देखकर ऐसी प्रतीति होती थी मानो लंका को निगल जाने के लिए काल ने अपनी भीषण जिह्वा फैला दी है। कभी ऐसा लगता था मानो आकाश की गलियों में अनेक धूमकेतु प्रकट हो गये हैं। अथवा वीर रस ने स्वयं मूर्तिमान होकर वीरभाव के आवेश में आकर खड्ग खींच लिया हो। कभी ऐसा लगता था मानों आकाश में इन्द्रधनुष उग आया हो अथवा विद्युत् समूह संघटित हो गया हो। या सुमेरु पर्वत से अग्नि की बड़ी भारी सरिता निकलकर बह चली आ रही हो। ऐसी विभीषिका को देखकर राक्षस और राक्षसियाँ व्याकुल होकर कहती हैं कि लंका

की वाटिका (अशोक वन) को उजाड़ने के बाद अब यह निश्चित ही पूरे नगर को जला डालेगा। इस कविता का रौद्र रूप वर्णन अत्यन्त सजीव बन पड़ा है।

'कवितावली' का उत्तरकाण्ड तुलसी का आत्मनिवेदन, राम यश वर्णन, युग-परिवेश चित्रण आदि के कारण विशेष उल्लेखनीय है। अपने युग की परिस्थितियों का यथार्थ और आँखों देखा चित्र उत्तरकाण्ड में उपस्थित हैं। गरीबी का हाल दरअसल बेहाल है। किसान को खेती नहीं है, भिखारी को भीख नहीं मिलती है। व्यापार चौपट हो गया है। सब कहीं बेकारी है। सब-के-सब जीविकाविहीन हो गये हैं। सब एक-दूसरे से पूछते हैं ''कहाँ जायें, क्या करें।" यह वर्णन लें—

''खेती न किसान को, भिखारी को न भीख बलि,
बनिक को बनिज न चाकर को चाकरी ॥
जीविका-विहीन लोग सीद्यमान सोचबस,
कहैं एक एकन सों, कहाँ जाई का करी।''

तत्कालीन युग परिस्थिति का हृदयविदारक एवं सच्चा-खासा चित्र खींचकर तुलसी ने अपने युगबोध को प्रकट किया है। यही कारण है कि वे लोकनायक कहलाये।

पूरी कवितावली में इस प्रकार के अनगिनत मार्मिक प्रसंग भरे पड़े हैं। तुलसी ने तल्लीनता के साथ इनका जीवन्त वर्णन किया है। तुलसी का वर्णन कौशल अनोखा है। महाकवि अयोध्यासिंह उपाध्याय 'हरिऔध' जी ने ठीक ही गाया है-

''कविता करके तुलसी न लसे।
कविता लसी पा तुलसी की कला ॥''

सैफ़ुल मुलूक व बदीउल जमाल : एक विश्लेषण

हिन्दी का जो रूप, तीर्थयात्रियों व व्यापारियों के द्वारा पहले से ही, तथा तदनन्तर दक्षिण भारत विजेता दिल्ली के मुस्लिम सुल्तानों, शासकों, उनके सैनिकों व सेवकों के द्वारा उत्तर से दक्षिण आ पहुँचा और यहाँ की देशी भाषाओं में मिल-जुलकर व्यवहृत होने लगा तथा जिसमें आगे चलकर साहित्य-सृजन भी होने लगा, वही सामान्यतया 'दक्खिनी हिन्दी' नाम से अभिहित है। दक्खिन या दक्षिण में व्यवहृत हिन्दी के रूप या शैली होने के कारण इसका 'दक्खिनी' नाम जड़ पकड़ गया। हिन्दी के इस दक्खिनी रूप में साहित्य-सृजन मुख्यतया बहमनशाही, आदिलशाही, कुतुबशाही तथा बरीदशाही शासनकाल में (अर्थात् लगभग चौदह सौ ई. से सोलह सौ ई. तक) हुआ है। उत्तर में भक्तिकाल के दौरान प्रेममार्गी या सूफियों की जो काव्य-परम्परा चली वही दक्खिनी में भी प्रचलित हुई लगभग दो सौ सालों तक इसकी परम्परा चली और इसके पश्चात् अथवा सूफ़ी प्रेमाख्यानक कवियों व कतिपय गद्यकारों के साथ दक्खिनी साहित्य-परम्परा की इति भी नज़र आती है यद्यपि दक्खिनी के एकाधिक कवि व साहित्यकार बाद में भी हुए।

उन्नीसवीं शती में आकर अंग्रेज़ी-शासन अंग्रेजी-भाषा व साहित्य का प्रभाव, भारतीय नव-जागरण, स्वतन्त्रता-संग्राम के विविध यत्न, राष्ट्रभाषा हिन्दी की लहरों का समूचे भारतवर्ष में उभार आदि के कारण भारत-भर में जो परिवर्तन आया, उसमें दक्खिनी ओझल हो गयी और खड़ीबोली हिन्दी का यत्र-तत्र-सर्वत्र स्वीकार हुआ। तदनन्तर साहित्य क्षेत्र से दक्खिनी अपदस्थ हुई। फिर तो दक्षिण में बोली या लिखी जानेवाली हिन्दी कदापि दक्खिनी न रही, खड़ीबोली हिन्दी ही रही। उन्नीसवीं शती से लेकर अद्यावधि दक्षिण में हिन्दी साहित्य की विविध विधाओं का प्रणयन जो हो रहा है, वह आजकल दक्खिनी नाम से अभिहित नहीं होती, हो भी नहीं सकती। क्योंकि आजकल दक्षिण में जिस साहित्यिक हिन्दी का प्रचलन है वह भाषासौष्ठव या भाषा-संरचना की दृष्टि से उत्तर भारत की हिन्दी से कभी भी कम स्तर की नहीं। यही नहीं, दक्षिण के हिन्दी साहित्यकार इस बात पर विशेष ध्यान भी देते हैं कि

उनकी हिन्दी शुद्ध एवं परिनिष्ठित हिन्दी ही रहे उसमें देशी भाषा का प्रभाव न आ जाये, जिससे कि उत्तरवाले उस पर यह आरोप न लगायें कि अमुक लेखक की हिन्दी में मलयामलम का पुट है, कन्नड़पन है या तेलुगुपन है। किन्तु जहाँ तक भाषा के विकास का बात है, देशी भाषाओं से शब्दों, मुहावरों आदि को स्वीकारने में कोई दोष दिखायी नहीं पड़ता, उससे हिन्दी भाषा का विकास ही सम्भव है तथा उससे उसके राष्ट्रभाषा-पद के भी और सार्थक निकलने की ही सम्भावना है। स्पष्ट है, दक्खिनी हिन्दी दक्खिन में मुसलमान शासकों के शासनकाल में प्रचलित हिन्दी का रूप रहा जिसमें मुस्लिम संस्कृति की स्पष्ट छाप रही है। राष्ट्रभाषा के तौर पर खड़ीबोली हिन्दी के विकास के साथ-साथ उसका प्रचलन समाप्त होता गया तथा दक्षिण में भी उत्तर की भाँति साहित्य-सृजन के लिए परिनिष्ठित खड़ीबोली हिन्दी अपनायी गयी। यद्यपि साहित्य क्षेत्र में हिन्दी का यह दक्खिनी रूप अब प्रचलित नहीं है तथापि इसका ऐतिहासिक व भाषावैज्ञानिक महत्त्व है। हिन्दी के प्रारम्भिक रूपों तथा उसके ऐतिहासिक विकास के अध्ययन के लिए उसके अन्यान्य रूपों के समानान्तर दक्खिनी साहित्य का अनुशीलन भी नितान्त आवश्यक हो जाता है।

दक्खिनी के अधिकांश साहित्य के फ़ारसी लिपि में निश्चित होने, फ़ारसी शैली के अनुसरण करने, अरबी-फ़ारसी शब्दों की भरमार होने तथा सर्वोपरि मुस्लिम संस्कृति भी अभिव्यंजना करनेवाले होने के कारण दक्खिनी आगे चलकर उर्दू की सुदृढ़ बुनियाद कायम कर सकी। यही कारण है कि उर्दू साहित्य के इतिहास में पूरा-का-पूरा दक्खिनी साहित्य समाहित है।

यहाँ हिन्दी के प्रेमाख्यानक काव्यों के विशेष सन्दर्भ में दक्खिनी हिन्दी में विरचित एक प्रेमाख्यानक काव्य 'सैफ़ुल मुलूक व बदीउल जमाल' का विश्लेषण किया जा रहा है। फ़ारसी लिपि में रचित इस कृति का नागरी लिप्यन्तरण 'दक्खिनी साहित्य, प्रकाशन समिति, हैदराबाद' ने किया है। इसके सम्पादक हैं राजकिशोर पाण्डेय तथा अकबरूद्दीन सिद्दीकी।

फ़ारस निवासी सुल्तान कुली द्वारा गोलकुण्डा में संस्थापित कुतुबशाही शासन के सभी शासक कला एवं साहित्य पर विशेष रुचि रखनेवाले थे। इसमें से अधिकांश सुल्तानों के शासनकाल में राज्य भाषा दक्खिनी थी। वजही, गवासी जैसे दक्खिनी के प्रमुख कवि कुतुबशाही शासकों के आश्रय में रहनेवाले थे। दक्खिनी के प्रख्यात कवि गवासी के जीवनवृत्त सम्बन्धी पूरी जानकारी अभी उपलब्ध नहीं है। ये अब्दुल्ला कुतुबशाह (1625-1672) के समकालीन समझे जाते हैं। 'मैना सतबन्ती', 'सैफ़ुल मुलूक व बदीउल जमाल', 'तूतीनामा' आदि आपके प्रमुख काव्यग्रन्थ हैं। कवि ने-

"बरस एक हजार पंजतीस में किया ख़्तम यू नजा दिन तीस में" लिखा है इससे प्रकट होता है कि गवासी ने इस रचना की पूर्ति 1035 हिजरी अर्थात् सन् 1626 में की है। ग्रन्थ के प्रारम्भ में मसनवी शैली के मुताबिक़ आपने तत्कालीन शासक अब्दुल्ला कुतुबशाह की जो तारीफ़ की है उससे साफ़ मालूम होता है कि उन्हीं के काल में काव्य की रचना हुई है।

'सैफ़ुल मुलूक व बदीउल जमाल' एक प्रेमाख्यानक काव्य है। मसनवी शैली के मुताबिक हम्द अर्थात् खुदा की स्तुति के साथ काव्य की शुरुआत होती है। "इलाही जगत् का इलाही सो तूँ। करनहार जम बादशाही सो हूँ। फिर यथाविधि पैगम्बर की तारीफ़, .ख़लीफ़ा की प्रशंसा, तत्कालीन सुल्तान अब्दुल्ला कुतुबशाह का विवरण व तारीफ़ आदि वर्णित है। कुछ अपने बारे में कहकर कवि फिर कथा का समारम्भ करते।

'सैफ़ुल मुलूक व बदीउल जमाल' काव्य एक सुखान्त प्रेमकथा का आख्यान करनेवाला है। कथा बड़ी लम्बी है, घटना-बहुल भी। अत्यन्त संक्षेप में काव्य की कथावस्तु यों है- मिस्र देश के बादशाह आसिम नवल को यवन देश की राजकुमारी में एक पुत्र उत्पन्न हो जाता है– सैफ़ुल मुलूक। जिस दिन बादशाह के पुत्र हुआ संयोगवश उसी दिन उनके वजीर के भी एक पुत्र पैदा होता है साअद। दोनों का लालन-पालन बादशाह के यहाँ होता है। एक दिन शहजादा सैफ़ुल मुलूक एक जरीन कपड़े पर अंकित किसी सुन्दरी राजकुमारी का चित्र देखकर अकस्मात् मुग्ध हो जाता है। बादशाह से उसे पता चलता है कि गुलिस्ताने-एरम के बादशाह की बेटी बदीउल जमाल का वह चित्र है।

साअद तथा अन्य साथियों के साथ सैफ़ुल मुलूक राजकुमारी की खोज में निकल पड़ता है। गुलिस्ताने-एरम किस देश में है, उसका पता कहीं से भी नहीं चला। चीन देश पहुँचने पर एक सौ सत्तर वर्ष के एक बूढ़े से कुछ पता चला और वे सब उस ओर रवाना हुए। रास्ते में भीषण तूफ़ान में पड़कर उनकी नौकाएँ तितर-बितर हो गयीं।

सैफ़ुल मुलूक और साअद भी अलग-अलग हो गये। शाहजादा हब्शियों के किसी द्वीप में पहुँच जाता है और हब्शियों का बादशाह उसे अपनी बेटी के लिए योजन के रूप में भेज देता है। किन्तु हब्शियों की शहजादी सैफ़ुल मुलूक के सौन्दर्य पर मुग्ध हो जाती है और उससे शादी का प्रस्ताव करती है। इनकार करने पर शहजादा क़ैदी हो जाता है। क़ैद से किसी-न-किसी प्रकार बचकर वह कई नगरों में घूमता-फिरता है। आख़िर इसफन्द द्वीप में वह पहुँचता है और वहीं सिंहलद्वीप की राजकुमारी को किसी दैत्य की क़ैद से मुक्त करने का उसे मौका मिल जाता है। उस राजकुमारी से उसे बदीउल जमाल का पता चलता है।

राजकुमारी के साथ सैफ़ुल मुलूक सिंहलद्वीप पहुँचता है वहीं बिछुड़े हुए अपने मित्र साअद से उसका पुनःमिलन होता है। एक दिन बन्धनमुक्त अपनी सखी से मिलने के लिए बदीउल जमाल सिंहलद्वीप आती है। वही एक बगीचे में बदीउल जमाल व सैफ़ुल मुलूक का आपस में मिलन होता है। दोनों प्रणयबद्ध हो जाते हैं। बदीउल जमाल की दादी शाहबानू दोनों की शादी करा देने का आश्वासन देती है। फिर भी कई बाधाएँ आती है और उन सब को हटाकर सैफ़ुल मुलूक व बदीउल जमाल की शादी सम्पन्न हो जाती है। सिंहलद्वीप की राजकुमारी से साअद की भी शादी हो जाती है। दोनों दूल्हा-दुल्हन कुछ दिन तक गुलिस्ताने-एरम में रहने के बाद, दहेज में प्राप्त अपार धन-सम्पत्ति तथा दास-दासियों के साथ अपने देश लौट आते हैं।

प्रस्तुत प्रेमाख्यान काव्य की कथावस्तु मौलिक तो नहीं है। कवि ने स्वयं अपने काव्य में कहा है कि सैफ़ुल मुलूक व बदीउल जमाल की प्रसिद्ध प्रेम कहानी को काव्य रूप में वर्णित करके अमर हो जाने का उपक्रम ही वे कर रहे हैं। स्पष्ट है सैफ़ुल मुलूक व बदीउल जमाल की कहानी पहले से ही प्रचलित थी। 'अलिफ लैला' की यह एक मशहूर प्रेम कहानी है। पञ्चतन्त्र, हितोपदेश आदि की कहानियों की भाँति 'अलिफ़ लैला' अथवा 'अरेब्यन नैट्स' की कहानियाँ भी लोक-कथाओं के रूप में विभिन्न देशों में प्रचलित थी। 'सैफ़ुल मुलूक' नामक एक फ़ारसी गद्य ग्रन्थ भी उपलब्ध होता है, जिसकी भूमिका में यह बताया गया है कि कहानियाँ के बड़े शौकीन महमूद गजनवी के लिए उनका वज़ीर दमिश्क के बादशाह के दरबार से दिलचस्प कहानियों का जो संकलन लाया। उसमें सैफ़ुल मुलूक व बदीउल जमाल की कहानी भी शामिल रही। सम्भव है गवासी ने भी इस प्रकार के किसी मूलस्रोत से अपने काव्य का प्रणयन किया हो। किसी-किसी पण्डित के अनुसार गवासी ने अपने काव्य का कथानक उक्त फ़ारसी गद्य-ग्रन्थ से लिया है। किसी-किसी के अनुसार गवासी कृत यह मसनबी किसी फ़ारसी ग्रन्थ का अनुवाद मात्र है। किन्तु स्पष्ट प्रमाणों के अभाव में इस बात पर अभी तक कोई निर्णय नहीं लिया गया है। जो भी हो, गवासी ने अपने काव्य में तद्विषयक कोई सूचना नहीं दी है। इस परिस्थिति में यह मानना समीचीन होगा कि गवासी ने सैफ़ुल मुलूक व बदीउल जमाल की प्रसिद्ध लोककथा के आधार पर अपनी मसनवी का प्रणयन किया है।

हिन्दी के प्रेमाख्यानक काव्यों की परम्परा बेहद लम्बी रही है। आचार्य शुक्ल जी ने 'मृगावती' के प्रणेता कुतुबन को प्रेमाख्यानक परम्परा का प्रथम कवि माना है तो आचार्य हजारीप्रसाद द्विवेदी जी ने ईश्वरदत्त कृत सत्यवती कथा को, डॉ. राजकुमारी वर्मा ने मुल्ला दाऊद कृत 'चन्दायन' (1377) की तथा डॉ. गणपतिचन्द्र गुप्त ने नवीनतम शोधों के आधार पर हँसावली (सन् तेरह सौ सत्तर में रचित) को

हिन्दी की प्रेमाख्यानक परम्परा का सर्वप्रथम काव्य माना है। स्पष्ट है दक्खिनी हिन्दी में इनके पश्चात् ही प्रेमाख्यानक काव्यों की रचना हुई है। निजामी कृत मसनवी 'कदमराव पदमराव' जिसे दक्खिनी का प्रथम काव्य होने का श्रेय प्राप्त है, उसका रचनाकाल चौदह सौ बीस के पैंतीस के बीच का माना जाता है। वस्तुतः इन हिन्दी काव्यों का प्रभाव भी पड़ा है।''

हिन्दी के 'हँसावली', 'चंदायन', 'मृगावती', 'पद्‌मावत', 'चित्रावली' जैसे प्रेमाख्यानक काव्यों के विशेष सन्दर्भ में दक्खिनी के प्रेमाख्यानक काव्य 'सैफ़ुल मुलूक व बदीउल जमाल' को परखने पर यह स्पष्ट ज्ञात होता कि हिन्दी के प्रेमाख्यानक काव्यों में जहाँ भारतीय साहित्य परम्परा का ही अधिक अनुसरण हुआ है वहाँ प्रस्तुत काव्य में फ़ारसी मसनवी के अनुसरण की प्रवृत्ति ही मुख्यतया दृष्टिगोचर होती है। हिन्दी के अधिकांश सूफ़ी प्रेमाख्यानक काव्यों में परोक्ष-सत्ता, अलौकिक प्रेम आदि का बीच-बीच में संकेत मिलता है। 'सैफ़ुल मुलूक व बदीउल जमाल' इससे मुक्त है। उसमें प्रेमकथा का स्वच्छन्द आख्यान ही मिलता है। सूफ़ी सिद्धान्त विवेचन प्रकट रूप से इसमें कम ही मिलता है। हिन्दी के सूफ़ी कवियों में मुख्यतया भारतीय कहानियों को अपने काव्य का आधार बनाया है। (उसमान की 'चित्रावली' जानकवि का 'लैला-मजनूँ' जैसे काव्य इसके अपवादस्वरूप अवश्य पेश किये जा सकते हैं।) किन्तु इस काव्य की कथावस्तु मूलतः अभारतीय है। चीन, मिस्र देश, वहाँ के जिन्न, हब्शी, दैत्य आदि के वर्णनों से यह काव्य भरा पड़ा है।

अन्यान्य प्रेमाख्यानक काव्यों की भाँति इस काव्य में भी चित्र दर्शन से नायक-नायिका की खोज में नायक का प्रस्थान, विभिन्न जगहों में घूमना-फिरना, तूफ़ान में पड़कर नौका का डूबना, अनेक कठिनाइयों को झेलने के उपरान्त अन्त में नायक-नायिक का मिलन आदि कथानक-रूढ़ियों का प्रयोग इसमें भी हुआ है जो कि भारतीय प्रेमाख्यानक परम्परा के अनुकूल है। 'पद्‌मावत', 'मृगावती' आदि काव्य जहाँ दुखान्त हैं, वहाँ 'चित्रावली', 'हँसावली' जैसे काव्यों की भाँति 'सैफ़ुल मुलूक व बदीउल जमाल' सुखान्त काव्य है।

फ़ारसी की मसनवी शैली पर यह काव्य विरचित है। मसनवी शैली के अनुकूल इसमें विभिन्न शीषर्कों के अन्तर्गत कथा का आख्यान हुआ है। तत्सम, तद्‌भव व देशी शब्दों के साथ-साथ इसमें अरबी, फ़ारसी शब्दों की भी अधिकता है। साढ़े तीन सौ वर्ष पुरानी दक्खिनी हिन्दी की भाषिक संरचना के अध्ययन में यह काव्य काफी सहायक है। फ़ारसी लिपि में रचित तथा अरबी-फ़ारसी शब्दों की भरमार के कारण उर्दू साहित्य के अन्तर्गत भी इस कृति की गणना होती है।

सन्दर्भ-ग्रन्थ

सैफ़ुल मुलूक व वदीउल जमाल, पृ. 219.

भूषण और उनकी कविता

हिन्दी के रीतिकाल के कवियों में भूषण की अलग पहचान है। हिन्दी के रीतिकालीन अधिकांश कवि जब नायिका भेद और शृंगार रस वर्णन में रमे हुए थे तब हिन्दी कविता धारा को वीररसोन्मुख करने का श्रेय कविवर भूषण को जाता है। रीतिकाल अथवा शृंगार काल के सर्वाधिक युगबोध से अनुप्राणित कवि के रूप में भी भूषण की मान्यता है।

भूषण के जीवनवृत्त के सम्बन्ध में विद्वानों में मतभेद है। 'शिवराज भूषण' शीर्षक कविवर भूषण की कृति का आधार लेकर यह माना जाता है कि उनका जन्म कान्यकुब्ज ब्राह्मण परिवार में यमुना के किनारे त्रिविक्रमपुर अथवा तिकवाँपुर नामक गाँव में हुआ था जो वर्तमान कानपुर जिले की घाटमपुर तहसील में पड़ता है। माना जाता है कि उनका जन्म विक्रमी संवत् सोलह सौ सत्तर में हुआ। भूषण उनका वास्तविक नाम नहीं था। यह उनकी उपाधि थी। चित्रकूट के सोलंकी राजा हृदयराम सोलंकी ने उन्हें यह उपाधि दी थी। भूषण की कृति 'शिवराज भूषण' इसका साक्षी है जिसमें उल्लेख है-

कुल सुलंक चित्रकूटपति, साहस-सील समुद्र।
कवि भूषण पदवी दई, हृदयराम सुन रूद्र।

विविध प्रमाणों द्वारा विद्वानों ने सिद्ध कर दिया है कि चिन्तामणि, मतिराम, भूषण और जटाशंकर ये चारों भाई थे और चारों कवि भी थे। इनमें चिन्तामणि और मतिराम की गणना तो रीतिकाल के प्रमुख कवियों नें की जाती है। चिन्तामणि का सम्बन्ध मुगल दरबार से था और मतिराम का बूँदी से। माना जाता है कि चिन्तामणि भूषण को बादशाह औरंगज़ेब के दरबार ले गये थे। उनका दरबार भूषण की प्रकृति के अनुकूल नहीं रहा तो वे वहाँ से लौट आये। भूषण प्रायः घर में ही रहे। यह जनश्रुति है कि भूषण एक बार भोजन करने बैठे तो दाल में नमक की कमी महसूस करने पर भाभी से नमक माँगा। उसने झट ताना मारा कि "कहाँ से नमक आयेगा क्या कहीं से कमाकर लाये हो" बस फिर क्या था। भूषण के पौरुष और स्वाभिमान

को बड़ा धक्का लगा। वे खाना छोड़कर घर से निकल पड़े। भूषण के कई राजदरबारों में रहने का उल्लेख तो मिलता है किन्तु भूषण ने दो ही राजाओं के प्रशस्तिगान किये हैं- छत्रपति शिवाजी तथा छत्रसाल के। छत्रपति शिवाजी ने भूषण के एक-एक कविता पर एक-एक गाँव तक दे डाला था और कहा जाता है कि छत्रसाल ने अपने राज्य में भूषण के आगमन की बात सुनकर उनकी पालकी में अपना कन्धा ही लगा दिया। किसी राजा द्वारा किसी कवि का इससे बढ़कर सम्मान क्या कहीं मिल सकता है।

भूषण की प्रसिद्ध तीन रचनाएँ हैं- 'शिवराज भूषण', 'शिवा बावनी' तथा 'छत्रसाल दशक'। शिवराज भूषण अलंकार ग्रन्थ है। शिवा बावनी छत्रपति शिवा जी की प्रशंसा के बावन कवित्त सवैयों का संकलन है। 'छत्रसाल शतक' में दो दोहे और दस कवित्तों में महाराजा छत्रसाल की वीरता, उदारता, दानशीलता आदि का वर्णन है। भूषण हजारा, भूषण उल्लास, दूषण उल्लास जैसी कतिपय कृतियाँ भी भूषण के नाम पर जानी जाती हैं। किन्तु इनकी प्रामाणिकता सन्दिग्ध है।

'शिवराज भूषण' भूषण का प्रामाणिक ग्रन्थ है। यही ग्रन्थ भूषण की अक्षय कीर्त्ति का आधार भी है। इस अलंकार ग्रन्थ के चार सौ सात छन्दों में प्रारम्भ के तीस छन्दों में मंगलाचरण, रायगढ़ वर्णन, कवि वंश वर्णन आदि हैं। शेष में एक सौ अर्थालंकारों, चार शब्दालंकारों और एक उभयालंकार के लक्षण और उदाहरण प्रस्तुत हैं। इस ग्रन्थ की विलक्षणता इसमें है कि इसमें कविवर भूषण ने अपने समसामयिक अन्य बड़े-छोटे तमाम कवियों के विपरीत अलंकारों के उदाहरण शृंगाररस के न देकर वीररस के दिये हैं तथा उनके माध्यम से छत्रपति शिवाजी के चरित्र के विभिन्न पहलुओं को उजागर करने का सराहनीय प्रयास भी किया है।

कविवर भूषण का नाम सुनते ही वीर रस का स्मरण हो आता है। भूषण मानो वीररस के प्रतीक या पर्याय प्रतीत होते हैं। भूषण की वाणी में अनूठे ओज और उत्साह भरे पड़े हैं। उनके काव्य में वीर रस का अद्वितीय परिपाक परिलक्षित होता है। वीररस वर्णन के लिए भूषण ने सुप्रसिद्ध मराठा वीर छत्रपति शिवाजी के वीर चरित्र को चुन लिया तो उचित ही हुआ है।

वीर शिवाजी ने अपने छापामार युद्धों से मुग़ल बादशाह औरंगज़ेब को बेहद परेशान कर रखा था। भूषण ने अनेक छन्दों में शिवाजी की वीरता का जीवन्त वर्णन किया है। उनका एक अत्यन्त प्रसिद्ध एवं लोकप्रिय छन्द है-

इन्द्र जिमि जंभ पर बाड़व सुअंभ पर
रावण सदंभ पर रघुकुल राज हैं।
पौन बारिवाह पर संभु रतिनाह पर
ज्यों सहस्रबाहु पर राम द्विजराज हैं।
दावा द्रुमदंड पर चीता मृगझुंड पर

भूषण वितुंड पर जैसे मृगराज हैं।
तेज तम अंस पर कान्ह जिमि कंस पर
यों म्लेच्छ बंस पर सेर सिवराज हैं।

अर्थात् जिस प्रकार इन्द्र जम्भासुर पर विजयी हुआ था, जिस प्रकार बड़वाग्नि समुद्र के पानी पर छा जाती है, जिस प्रकार दंभी रावण पर रघुकुलराज रामचन्द्र का आधिपत्य क़ायम है, जिस प्रकार बादलों पर पवन का प्रभुत्व है, जिस प्रकार भगवान् शंकर ने रतिनाथ कामदेव का दहन कर लिया था, जिस प्रकार परशुराम ने सहस्रबाहु कार्तवीर्यार्जुन पर अपना प्रभुत्व स्थापित कर लिया था, जिस प्रकार दावाग्नि वृक्षों को जलाकर भस्म कर डालती है जिस प्रकार मृगझुण्ड पर चीते के आतंक का आधिपत्य होता है, जिस प्रकार अन्धकार पर सूरज के प्रकाश का प्रभाव है, तथा जिस प्रकार कंस पर कृष्ण की वीरता क़ायम है उसी प्रकार मुग़ल वंश पर सिंहस्वरूप छत्रपति शिवाजी की वीरता का प्रभाव छाया हुआ है।

शब्द ध्वनि, नाद-योजना, आन्तरिक तुक तथा अनुप्रास के माध्यम से जो श्रव्य बिम्ब भूषण ने अपनी कविता में प्रस्तुत किया है, वह अनूठा बन पड़ा है। मालोपमा अलंकार के उदाहरण के रूप में यह छन्द शिवराज भूषण में प्रस्तुत हुआ है। काव्यस्वादकों के लिए यह शंका होती है कि यह छन्द मालोपमा अलंकार के रूप में प्रस्तुत हुआ है अथवा शिवाजी की वीरता के वर्णन के लिए मालोपमा प्रयुक्त हुई है। जनश्रुति है कि भूषण ने शिवाजी के सामने बावन बार यह छन्द पढ़ा था तो इसमें आश्चर्य की कोई बात नहीं।

शिवाजी की वीरता तथा उनके आतंक से मुग़ल बेगमों और शाहज़ादियों की जो बेहाल हालत हो गयी उसके भी प्रभावशाली चित्र भूषण ने खींचे हैं। एक उदारहण लें-

ऊँचे घोर मंदर के अन्दर रहनवारी
ऊँचे घोर मंदर के अन्दर रहाती हैं
कंदमूल भोग करैं कंदमूल भोग करैं
तीन बेर खाती तो वैतीन बेर खाती हैं।
भूषण शिथिल अंग भूषण शिथिल अंग
विजन डुलातीं ते वै विजन डुलाती हैं।
भूषण भनत सिवराज वीर तेरे त्रास
नगन जड़ातीं ते वै नगन जड़ाती हैं।

अर्थात् मुग़ल बेगमें और शाहज़ादियाँ जो ऊँचे और महलों में बड़े ठाठ-बाट से रहती थीं, तड़क-भड़क की जिन्दगी बिताती थीं, वे अब शिवाजी के आतंक से भागकर ऊँचे-ऊँचे पहाड़ों पर जाकर बस गयी हैं। जो औरतें पहले महलों में बढ़िया

सुस्वाद तथा मीठे-मीठे पकवान खाती थीं वे अब पहाड़ के जंगलों के कन्दमूल आदि खाकर जी रही हैं। जो तीन बार खाना खाकर ऐशो-आराम की ज़िन्दगी बिताती थीं, वे अब तीन बेर अर्थात् बेर या बदरी के तीन फल खाकर जीने को विवश हुई हैं। राजमहलों में कभी जिनका सारा शरीर आभूषणों के बोझ से शिथिल पड़ जाता था, उनके अंग-प्रत्यंग अब भूख के मारे शिथिल पड़ गये हैं। पहले जो राजमहलों में पंखे झला करती थीं, वे अब निर्जन वनों में मारी-मारी फिर रही हैं। कवि भूषण कहते हैं कि शिवाजी आपके आतंक के कारण शत्रुपक्ष की नारियाँ जो अपने आभूषणों और पहनावों में रत्न जड़वाती थीं वे अब पहनने भर के लिए कपड़े के लिए तरस रही हैं, पहाड़ों और जंगलों पर नंगी ही फिर रही हैं।

प्रस्तुत छन्द में भूषण ने शिवाजी की वीरता और आतंक के प्रभाव का वर्णन करते हुए शत्रु पक्ष की औरतों की दीन-हीन दशा का सटीक चित्र खींच लिया है। अनुप्रास और यमक अलंकार की छटा में यह छन्द अत्यन्त कमनीय बन पड़ा है।

भूषण का युद्धवर्णन भी अत्यन्त प्रभावशाली बन पड़ा है। शिवाजी के युद्ध प्रस्थान, उनके सैन्य संचालन, विविध रणवाद्यों का गर्जन, सैनिकों के रणक्षेत्र में घात-प्रतिघात, वीरों का पराक्रम प्रदर्शन और कायरों की भीत मुद्राओं का चित्रण कवि ने अपनी ओजस्वी वाणी में की है। युद्ध के लिए प्रस्थान करती हुई सेना का शब्दचित्र ज़रा देखें-

साजि चतुरंग वीर रंग में तुरंग चढ़ि
सरजा सिवाजी जंग जीतन चलत है।

युद्धवर्णन के साथ-साथ भाला, तलवार, तोप, गोला तथा असि कवचों को ओजपूर्ण वर्णन भी भूषण की कविता में उपलब्ध है। शिवाजी के हाथ की तलवार भवानी का अवतार है जो अपने स्वामी भूतनाथ के तन को नरमुण्डों से सजाने के लिए अभिलषित है।

छत्रसाल की तलवार की भी यही दशा है। वह म्लेच्छों के लिए काल रूप है। उस तलवार ने शत्रु सेनारूपी पक्षियों के पर काटकर उनके बल को छीन लिया है-

पच्छी परछीने ऐसे परे परछीने वीर
तेरी बरछी ने बरछीने हैं खलन के ॥

भूषण ने शिवाजी और छत्रसाल दोनों वीरों के युद्धकौशल का दिल खोलकर वर्णन किया है।

भूषण वीररस के कवि है। युद्ध वर्णन, आतंक वर्णन, यश वर्णन आदि प्रसंगों में उन्होंने कवित्त छन्द का प्रयोग किया है। यही भूषण का सर्वाधिक प्रिय छन्द है। इसके अतिरिक्त दोहा, रोला, छप्पय, गीतिका जैसे छन्दों का प्रयोग भी भूषण ने किया है।

भूषण की भाषा ब्रजभाषा है। वीररस के कवि होने के कारण उनकी कविता में ओजगुण की प्रधानता है। ब्रजभाषा की प्रकृति कोमल है। किन्तु भूषण ने उसे अपनी कविता के अनुकूल वज्रादपि कठोर कर दिया है। भूषण की भाषा में अरबी, फ़ारसी और उर्दू के शब्दों की भरमार है। अपनी कविता में शब्दालंकारों और अर्थालंकारों का प्रयोग उन्होंने प्रभूत मात्रा में किया है। अपनी भाषा में सजीवता लाने के लिए उन्होंने लोकोक्तियों और मुहावरों का भी काफ़ी प्रयोग किया है।

हिन्दी वीरकाव्य के क्षेत्र में भूषण का स्थान बेजोड़ है। उनका एक-एक छन्द वीरता का महामन्त्र है। रीतिकाल के कवियों में भूषण की महत्ता इसमें है कि कविवर भूषण ने युगीन शृंगारिकता और विलासिता के एक हद तक झटका पहुँचा दिया और अपनी युगीन सीमाओं से पूर्णतया मुक्त न होते हुए भी उन्होंने युगबोध और सोद्देश्यता के धरातल पर कविता को प्रतिष्ठित करने का प्रयास किया तथा कविता को राष्ट्रीय-सांस्कृतिक चेतना से समन्वित करने का सराहनीय कार्य भी किया।

रसखान : रचना तथा रचना-दृष्टि-आधुनिक सन्दर्भ में

मध्यकाल के सगुण भक्त कवि रसखान की रचना तथा रचना-दृष्टि का आधुनिक सन्दर्भ में विवेचन-विश्लेषण तथा मूल्यांकन वस्तुतः अहम् महत्त्व का विषय है, अत्यन्त रोचक भी। कविवरों के बारे में कहा गया है कि वे युगद्रष्टा और युगसृष्टा होते हैं। युगद्रष्टा कलाकार अपनी रचनाओं में युगीन चेतना को इस भाँति अनुप्राणित कर देता है कि वे रचनाएँ समसामयिक इयत्ता को लाँघकर सार्वभौमिक एवं सार्वकालिक बन जाती हैं। ऐसी ही रचनाएँ कालजयी बनकर रचनाकार को अमर तथा किसी भी युग में प्रासंगिक बना देती है। हिन्दी के मध्यकाल के अधिकांश कवियों के बारे में यह बात खरी उतरती है। कबीर, तुलसी जैसे कवि इस तथ्य के सप्राण प्रमाण प्रस्तुत करनेवाले हैं। युगद्रष्टा कवि कबीर अपनी क्रान्तिकारी सामाजिक दृष्टि के कारण आधुनिक सन्दर्भ में भी अपने वर्चस्व को बनाये रखनेवाले हुए। कबीर की कथनी उन दिनों जितनी सार्थक थी, आज भी उतनी ही सार्थक है। अपनी समन्वयकारी चेतना के बल पर गोस्वामी तुलसीदास आधुनिक युग में भी प्रासंगिक बने। तुलसी द्वारा 'मानस' में प्रतिपादित 'रामराज्य' की प्रासंगिकता सुस्पष्ट है। तुलसी का रामराज्य किसी भी देश और युग के लिए मोहक सपना है, स्वतन्त्र भारत में जिसका साक्षात्कार राष्ट्रपिता महात्मा गाँधी का सपना रहा था तथा प्रौद्योगिकी विकास की इस नयी सहस्राब्दी में भी हमारा राजतन्त्र प्रजा को जिसका मोहक सपना दिखाकर ललचाता है। मध्यकाल के कबीर, तुलसी आदि के समान अपनी धर्म निरपेक्ष व्यक्ति-चेतना, रचना-दृष्टि, स्वच्छन्दतावादी काव्य-प्रवृत्ति आदि के कारण रसखान भी आधुनिक युग में प्रासंगिक बने हुए हैं।

रसखान : रचनाकार

मध्यकाल के कृष्णभक्त कवियों में रसखान एक विशिष्ट हस्ती हैं। व्यक्ति तथा कृतिकार दोनों रूपों में मध्यकाल के इस कवि ने भारतीय सामासिक संस्कृति

को आत्मसात् कर दिया था, तभी तो मुसलमान होकर भी ये कृष्ण के परम उपासक बने और अनुपम कृष्णकाव्य के प्रणेता भी बने। आजकल की धार्मिक कट्टरता, साम्प्रदायिक वैमनस्य आदि के सन्दर्भ में कविवर रसखान का व्यक्तित्व तथा कृतित्व धार्मिक-साम्प्रदायिक सामंजस्य तथा धर्म सम्प्रदाय निरपेक्ष दृष्टि के उद्‌घोषक हैं। इनकी जैसी कृष्णभक्ति इनका जैसा गोकुल प्रेम सूरदास के अलावा अन्य कृष्ण भक्त कवियों में कम ही पाया जाता है। मुसलमान कृष्णभक्त कवियों में तो रसखान के निकट और कोई भी कवि पहुँच नहीं पाता। रसखान की अनुपम एवं अद्‌भुत कृष्णभक्ति पर मुग्ध होकर ही तो भारतेन्दु हरिश्चन्द्र अपने 'उत्तरार्द्ध भक्तमाल' में कह उठे थे- ''इन मुसलमान हरिजनन पै कोटिन हिन्दुन वारिये।''[1]

किसी भी रचनाकार की रचनाओं पर उसके व्यक्तित्व का प्रभाव पड़ना सहज है। मध्यकाल के अन्यान्य कवियों के समान ही रसखान के जीवन, व्यक्तित्व तथा कृतित्व के सम्बन्ध में कोई सुनिश्चित जानकारी उपलब्ध नहीं होती। जितनी जानकारी उपलब्ध होती है उनसे यह विदित होता है कि रसखान का व्यक्तित्व समन्वयकारी तत्त्वों से पूर्ण था। जन्म से वे मुसलमान थे किन्तु कर्म से कृष्णोपासक बने। उनकी मित्रता हिन्दुओं के साथ थी तथा हिन्दू देवी-देवताओं व पुराणों से वे काफ़ी प्रभावित भी थे। कृष्ण के अनुपम रूप-सौन्दर्य पर वे मुग्ध थे, यही कारण है कि शाही सुख-वैभव छोड़कर वे ब्रजवासी बने और कृष्णकाव्य प्रणयन को उन्होंने अपना जीवन-व्रत बनाया। इसका स्पष्ट संकेत रसखान कृत 'प्रेमवाटिका' के अन्तिम दोहों में मिलता है-

''देखि गदर हित साहबी, दिल्ली नगर मसान।
छिनहिं बादसा-बंस की, ठसक छोरि रसखान ॥
प्रेमनिकेतन श्रीबनहिं, आइ गोवर्धन-धाम।
लह्यो सरन चितचाहिकै, जुगल रूप ललाम ॥[2]

अधिकांश विद्वान् रसखान का जन्मकाल वि.सं. 1610 के लगभग तथा मृत्युकाल वि.सं. 1675 के लगभग मानते हैं। उनका जन्मस्थान पिहानी था। बचपन में ही वे दिल्ली आये। दिल्ली में हुए शाही-गदर के दौरान वे दिल्ली छोड़ अपने आराध्यदेव कृष्ण के गोकुल-धाम आ गये और शेष जीवन कृष्णकाव्य प्रणयन करते हुए वहीं बितानेवाले हुए। रसखान के सम्बन्ध में जितनी ही किंवदन्तियाँ प्रचलित हैं वे सब-की-सब मुसलमान रसखान (सैयद इब्राहिम) के कृष्णभक्त रसखान बनने का संकेत देती हैं।

'दो सौ बावन वैष्णवन की वार्त्ता' के अनुसार रसखान के कृष्णभक्ति की ओर आकर्षित होने के विषय में यह उल्लेख मिलता है कि रसखान किसी बनिये के लड़के

से प्रेम करते थे। वैष्णव भक्तों ने उनको कृष्ण प्रेम की ओर उन्मुख किया तथा वे वृन्दावन चले गये और कृष्णभक्ति में लीन हुए।

एक और किंवदन्ती ऐसी भी है कि रसखान एक मानिनी पर मुग्ध थे। किन्तु उसने रसखान के प्रेम का तिरस्कार किया था। एक दिन श्रीमद्‌भागवत के फ़ारसी अनुवाद से गुज़रने वक़्त गोपिकाओं का अनन्य कृष्णानुराग पढ़कर वे विह्वल हो उठे तथा कृष्ण की खोज में वृन्दावन की ओर चले और कृष्णभक्ति में शराबोर हो गये। 'प्रेमवाटिका' में इस अर्थ का एक दोहा मिलता है-

तोरि मानिनी तें हियो, फेरि मोहनी-मान।
प्रेमदेव की छविही लखि, भए मियाँ रसखान ॥[3]

इन किंवदन्तियों से यह बात स्पष्ट प्रकट हो जाती है कि रसखान भावुक हृदयवाला तरुण था, उसका हृदय प्रेम के लिए तरस रहा था। दिल्ली से गोकुल की ओर उनका प्रवास लौकिक प्रेम से अलौकिक प्रेम की ओर उनके प्रयाण का ही सूचक है। 'मूल गुसाईं चरित' से पता चलता है कि ये गोस्वामी तुलसीदास के समकालीन थे तथा तुलसी ने अपने रामचरितमानस की कथा रसखान को सुनायी थी।

''जमुना तट पै त्रय वत्सर लौं
रसखानहिं जाई सुनावत भौ।

रसखान के बारे में एक जनश्रुति यह भी प्रचलित है कि किसी समय वे अपनी रियासत से कई मुसलमानों के साथ इज्ज करने मक्के-मदीने जा रहे थे। रास्ते में ब्रजभूमि में ठहरे। ब्रज की सौन्दर्य-विभूति कृष्ण ने उन्हें मोहित किया तो दूसरों को विदा करके रसखान ब्रजभूमि में ही रह गये। किसी ने बादशाह तक यह खबर पहुँचायी कि रसखान क़ाफ़िर हो गया है। इस पर उनका एक दोहा भी प्रसिद्ध है-

''कहा करे रसखान को कोऊ चुगुल लबार।
जो पै राखनहार है माखन चाखनहार ॥''[4]

रसखान का दृढ़ संकल्प था कि माखन चाखनहार कृष्ण पर आस्था रखनेवाले का कोई चुगलखोर कुछ भी बिगाड़ नहीं लेगा। रसखान के इस अटल कृष्ण प्रेम ने उन्हें कृष्णभक्त बनाया तथा मानवता की उदार चेतना ने उन्हें हिन्दु-मुस्लिम भेदभाव के परे स्वच्छन्द प्रेम की उदात्त भूमि पर पहुँचा दिया।

कविवर रसखान के व्यक्तित्व की भावुकता, स्वच्छन्द प्रेम वृत्ति, भक्ति भावना सबकी झाँकियाँ उनकी रचनाओं में अंकित मिलती हैं। रसखान के धर्म निरपेक्ष उदार दृष्टिकोण, उन्मुक्त प्रेम संकल्पना, स्वच्छन्द काव्यदृष्टि आदि आधुनिक सन्दर्भ में भी नितान्त प्रासंगिक प्रतीत होते हैं। कवि चाहे पुराने हों या आधुनिक, उनके समय से ज़्यादा उनकी कृतियों में अभिव्यक्त विचार और दृष्टिकोण ही कवि को आधुनिक बनाता है। कहा भी गया है—

"आधुनिकता का मतलब समय से नहीं बल्कि दृष्टिकोण से है" (Modernity is not a question of date but of outlook)

रसखान : रचना-संसार

रसखान ने ज्यादा नहीं लिखा है किन्तु जितना लिखा है, बढ़िया लिखा है। रसखान के नाम पर मुख्यतया चार रचनाएँ मानी जाती हैं– (1) सुजान रसखान (2) प्रेमवाटिका (3) दानलीला तथा (4) अष्टयाम। सुजान रसखान था प्रेमवाटिका ही उनकी सर्वाधिक प्रसिद्ध, प्रचलित तथा प्रामाणिक रचनाएँ हैं। विभिन्न विद्वानों ने विभिन्न नामों से अपनी-अपनी रुचि के अनुसार रसखान की कविताओं के कई संकलन प्रकाशित किये हैं। संवत् 1987 में प्रभुदत्त ब्रह्मचारी ने हिन्दी प्रेस, प्रयाग से 'रसखान पदावली' शीर्षक से एक संकलन प्रकाशित किया। संवत् 2010 में विश्वनाथ प्रसाद मिश्र ने रसखानि (रसखान ग्रन्थावली) शीर्षक से एक संकलन निकाला। स्व. बाबू अमीर सिंह द्वारा संकलित तथा काशी नागरी प्रचारिणी सभा द्वारा संवत् 2013 में प्रकाशित 'रसखान और घनानन्द' शीर्षक ग्रन्थ में रसखान की 'प्रेमवाटिका' तथा 'सुजान रसखान' संकलित हैं। संकलनकर्त्ता ने भूमिका में स्पष्ट किया है कि श्री. किशोरीलाल गोस्वामी की कृपा से ये दो ग्रन्थ हस्तगत हुए।[5]

'प्रेमवाटिका' तिरपन दोहों में विरचित एक लघु काव्यकृति है। प्रस्तुत कृति के एक दोहे के आधार पर इस कृति का रचनाकाल सं. 1671 माना जाता है। वह दोहा इस प्रकार है-

> "विधु सागर रस इन्दु सुभ बरस सरस रसखानि।
> 'प्रेमवाटिका' रचि रुचिर, चिर हिय हरख बखानि॥"

इस कृति में कवि ने राधा-कृष्ण को प्रेमवाटिका के मालिन-माली मानकर अनूठे प्रेम तत्त्व का निरूपण किया है।

संवेदना तथा शिल्प दोनों दृष्टियों से **'सुजान रसखान'** रसखान की अनमोल रचना है। इसमें प्रेम, भक्ति, कृष्णलीला, रूपमाधुरी, वंशी प्रभाव, ब्रज प्रेम आदि से सम्बन्धित सरस प्रसंगों का सुन्दर वर्णन हुआ है।

'दानलीला' केवल ग्यारह छन्दों की एक लघु रचना है जिसमें राधा-कृष्ण के संवाद के माध्यम से पौराणिक कथा का आख्यान हुआ है।

'अष्टयाम' दोहों में विरचित एक लघु कृति है जिसमें श्रीकृष्ण के दिन-रात के क्रियाकलापों का मनोहारी वर्णन मिलता है।

रसखान की रचना-दृष्टि : संवेदना पक्ष

प्रेम मानव-जीवन को सरस, सक्रिय एवं सार्थक बनानेवाला अनोखा तत्त्व है। प्रेम का स्वरूप ही बहुआयामी है। भौतिक, आध्यात्मिक जैसे स्तरों को समेटकर प्रेम व्यापक रूप को ग्रहण करता है। रसखान मूलतः स्वच्छन्द प्रेम के कवि हैं। प्रेम रस

का वर्णन करने में वे अपना सानी नहीं रखते। अपने प्रेमोमंग की कविता के कारण उनका 'रसखान' नाम भी सार्थक हुआ है। यही कारण है कि पण्डित विश्वनाथ प्रसाद मिश्र उन्हें भक्तकवि की अपेक्षा स्वच्छन्द प्रेम का कवि मानते हैं- "रसखानि भक्तों की श्रेणी में बैठाये जाते हैं, पर वे वस्तुतः उन्मुक्त प्रेमोन्मत्त कवि थे। उन्होंने कृष्णभक्तों की गीतपरम्परा का त्याग करके और कवियों की परम्परागत कवित्त सवैया पद्धति का अवलम्ब लेकर स्पष्ट प्रस्थानभेद सूचित कर दिया है। इसी से रसखानि प्रेमोमंग के ही कवि ठहरते हैं।"[6]

प्रेम का तत्त्व एक अबूझ पहेली है। प्रेम के बारे में रसखान का यह कथन सर्वदा सार्थक है कि-

"प्रेम प्रेम सब कोऊ कहत, प्रेम न जानत कोई।
जो जन जाने प्रेम तो, परै जगत क्यों रोई ॥

प्रेम की विलक्षणता को आँकते हुए कवि का कहना है कि प्रेम कमल तन्तु के समान कोमल और तलवार की धार के समान तीक्ष्ण होता है।

कमल-तंतु सो छीन अरु, कठिन खड्ग की धार।
अति सूधो टेढ़ो बहुरि, प्रेम-पंथ अनिवार ॥

कबीर आदि सन्तों के समान रसखान भी कहते हैं कि व्यक्ति शास्त्रों को पढ़कर पण्डित बने या कुरान पढ़कर मौलवी बने, लेकिन प्रेमतत्त्व को जाने बिना उनका ज्ञान पूरा नहीं होता-

"शास्त्रन पढ़ि पंडित भए, कै मौलवी कुरान।
जु पै प्रेम जान्यौ नहीं, कहा कियौ रसखान ॥"

प्रेमतत्त्व के निरूपण में रसखान को अद्भुत सफलता मिली है। उन्होंने प्रेम का सूक्ष्म एवं विशद वर्णन किया है।

रसखान ने कृष्ण प्रेम को जीवन का सबसे बड़ा पुरुषार्थ माना है। प्रेम को उन्होंने भगवान् का समकक्ष बताया है।

"प्रेम हरी को रूप है, त्यों हरि प्रेम सरूप।
एक होइ है यों लसै ज्यों सूरज अरु धूप ॥"

प्रेम का चमत्कार अद्भुत है। जो समस्त सृष्टि का कर्त्ता, सर्वव्यापी और सर्वशक्तिमान परब्रह्म है वह भी इस प्रेम से वशीभूत होकर दोने भर छाछ के लिए नाचने लगता है-

"सेस गनेस महेस दिनेस सुरेसहु जाहि निरंतर गावैं।
जाहि अनादि अनंत अखंड अछेद अभेद सुवेद बतावैं ॥
नारद से सुक व्यास रहैं पचि हारे तऊ पुनि पार न पावैं।
ताहि अहीर की छोहरिया छछिया भरि छाछ पै नाच नचावैं ॥

रसखान के प्रेम दर्शन में कवि का जीवन-दर्शन ही स्पष्ट झलकता है। स्वयं कवि ने अपने जीवन में ही लौकिक प्रेम पर अलौकिक प्रेम की जीत का अनुभव पाया था। लौकिक एवं अलौकिक प्रेम सम्बन्धी उनके उद्‌गारों की महत्ता की उद्‌घोषणा करते हुए आचार्य रामचन्द्र शुक्ल ने लिखा है- "प्रेम के ऐसे सुन्दर उद्‌गार इनके सबैयों में निकले कि जनसाधारण प्रेम या शृंगार सम्बन्धी कवित्त-सबैयों का ही रसखान कहने लगे जैसे कोई रसखान सुनाओ।"[7] रसखान की प्रेम सम्बन्धी दृष्टि किसी भी काल-देश के लिए संगत है। अपनी प्रेमोसंग रससिक्त कविता के कारण रसखान आधुनिक युग में भी प्रासंगिक हैं।

कृष्ण प्रेम और कृष्णभक्ति की भाँति रसखान का ब्रज प्रेम वर्णन भी अनूठा बन पड़ा है। ब्रजभूमि के प्रति कृष्ण के अनुराग वर्णन के प्रसंग में रसखान का स्वदेश प्रेम सहज ही अभिव्यंजित हो उठता है। द्वारका में ठाठ-बाट के साथ रहते-रहते कृष्ण को जन्मभूमि की मधुर-मनोरम स्मृतियाँ सताती हैं। तभी तो कृष्ण ब्रज के करील कुंजों पर अपने समस्त सुख-वैभव को न्योछावर करने के लिए तैयार हो उठता है-

"या लकुटी अरु कमरिया पर राज तिहूँ पुर को तजि डारौं।
आठहु सिद्धि नवौ निधि को सुख नंद की गाइ चराइ बिसारौं॥
ए रसखानि जबैं इन नैनन ते ब्रज के बन बाग तडाग निहारौं।
कोटिक ये कलधौत के धाम करील की कुंजन ऊपर वारौं॥"[8]

अपनी जन्मभूमि के ऊपर अपना सर्वस्व, सभी सुख-ऐश्वर्य न्योछावर करने की यह राष्ट्रीय भावना तथा देश प्रेम किसी भी युग में श्लाघनीय है। ये पंक्तियाँ इसलिए भी प्रासांगिक हैं कि ये जन्म-देश के प्रति प्रवासी भारतीयों के हृदय के प्रेम की कसक को स्पन्दित करती हैं।

गोकुल के प्रति रसखान का इतना गहरा प्रेम है कि वे जन्म-जन्मान्तर में, चाहे किसी भी योनि में जन्म ले, गोकुल का अंग बनकर कृष्ण के साहचर्य में जीने की अपनी अभिलाषा प्रकट करते हैं- मनुष्य हो तो ब्रज भूमि के, पशु-पक्षी हो तो ब्रज भूमि के, पत्थर हो तो भी ब्रज भूमि के अपनी जन्मभूमि के संग ही वह अगले जन्मों में भी रहना चाहते हैं। रसखान का यह सबैया बहुत ही प्रसिद्ध है-

"मानुष हौं तो वही रसखानि बसौं ब्रज गोकुल गाँव के ग्वारन।
जो पशु हौं तो कहा बस मेरो चरौ नित नंद की धेनु मझारन॥
पाहन हौं तो वही गिरि को जो धर्‌यो कर छत्र पुरंदर धारन।
जो खग हौं तो बसेरो करौं मिलि कालिन्दी कुल कदंब के डारन॥"[9]

मध्यकाल के कृष्णभक्त कवियों में कृष्णकाव्य के जिन-जिन अंगों का वर्णन किया है, उन सबका वर्णन रसखान ने भी अपनी कविता में अत्यन्त सरस ढंग से

किया है। कृष्ण का सौन्दर्य वर्णन, मुरली-माधुरी, बसन्त वर्णन, कृष्ण-गोपी संयोग-वियोग वर्णन, उद्धव प्रसंग सबको रसखान ने भी अपना काव्य विषय बनाया है।

शिल्प पक्ष

रसखान की कविता का शिल्प पक्ष गजब का है। भाषा भावों की अनुगामिनी है। रसखान ने अपने हृद्गत भावों की अभिव्यक्ति तदनुरूप भाषिक संरचना में की है। रसखान के काव्य के आस्वादन में उनके संवेदना-सौष्ठव के साथ-साथ उनके शिल्प-सौष्ठव का भी महत्वपूर्ण स्थान है। रसखान की भाषा का श्रुतिमाधुर्य ग़ज़ब का है। उनकी काव्यभाषा शुद्ध, परिमार्जित साहित्यिक ब्रजभाषा है। अजस्र प्रवाह उनकी काव्यशैली की अनूठी विशेषता है। माधुर्य और प्रसाद गुण की सहज सम्पृक्त के कारण उनकी काव्यभाषा एकदम सरस एवं जीवन्त बन गयी है। रसखान के काव्य में अलंकारों का सुरुचिपूर्ण प्रयोग मिलता है, किन्तु अलंकारों के प्रति मोह उनमें दृष्टिगत नहीं होता। अनुप्रास, श्लेष, यमक जैसे शाब्दिक अलंकारों ने रसखान की काव्यभाषा को श्रवणसुन्दर बनाने में योग दिया है तो उपमा, उत्प्रेक्षा, रूपक जैसे अर्थालंकारों ने कवि के भावों को अर्थवत्ता को बढ़ाने का काम किया है। रसखान की सानुप्रास कविता में पाठकों को शायद उनके अलंकार मोह का भ्रम होगा किन्तु लगता है कि वह कवि की उदात्त वाणी का सहज संगीत ही है। "सेस, गनेस, महेस, दिनेस, सुरेसहु"[10] जैसी पंक्तियों में अनुप्रास की छटा वस्तुतः काव्यपाठ को नयी गति और लय प्रदान करती है।

छन्द प्रयोग का वैविध्य रसखान के काव्य में दृष्टिगत नहीं होता। उन्होंने केवल तीन ही छन्दों का प्रयोग किया है- सवैया, कवित्त और दोहा। सवैयों के प्रयोग में तो कविवर रसखान ने कमाल ही हासिल कर दिया है। यही कारण है कि बहुत समय तक रसखान सवैये का पर्याय बना रहा।

समग्रतः विचार करने पर ज्ञात होगा कि मध्यकाल के कवियों में रसखान अपना अलग अस्तित्व रखते हैं तथा स्वच्छन्द दृष्टि के कवि ठहरते हैं। संवेदना तथा शिल्प दोनों ही में उन्होंने प्रचलित परम्परा से भिन्न स्वच्छन्द दृष्टि को अपनाया। मुसलमान होते हुए भी धार्मिक और साम्प्रदायिक भेदभाव से अपने को मुक्त रखकर कृष्णप्रेम में आमग्न होकर उन्होंने कृष्णभक्ति की धारा बहायी। रसखान का कृष्णप्रेम, भक्ति भावना तथा ब्रजभूमि के प्रति प्रेम हिन्दी साहित्य में ही अपूर्व और अद्वितीय है। यह बात भी देखी जा सकती है कि कृष्णभक्ति के किसी सम्प्रदाय या सिद्धान्त विशेष से आबद्ध नहीं थे। उनकी कृष्णभक्ति-पद्धति सम्प्रदाय निरपेक्ष एवं स्वच्छन्द थी। कृष्णकाव्य प्रणयन की परम्परागत गेय पद शैली को त्यागकर कवित्त-सबैये की शैली को अपनाना भी रसखान की स्वच्छन्द वृत्ति का परिचायक

है। रसखान का श्रेय इस बात में भी है कि हिन्दी के कई परवर्ती कवि काफ़ी मात्रा में रसखान की स्वच्छन्द काव्य प्रवृत्ति से प्रभावित हुए हैं।

सन्दर्भ-सूची

1. उत्तरार्द्ध भक्तमाल : भारतेन्दु हरिश्चन्द्र, बाँकीपुर
2. रसखान और घनानन्द : सं. स्व. अमीर सिंह, नागरी प्रचारिणी सभा, काशी, सं 2013, पृ. 12
3. वही, पृ. 12
4. रसखान : देवेन्द्रप्रताप उपाध्याय, आनन्द पुस्तक भवन, वाराणसी, सं. 1962, पृ. 263
5. रसखान और घनानन्द : सं. स्व. अमीर सिंह, भूमिका, पृ. 1
6. हिन्दी साहित्य का अतीत : पं. विश्वनाथ प्रसाद मिश्र, पृ. 589
7. हिन्दी साहित्य का इतिहास : रामचन्द्र शुक्ल
8. रसखान और घनानन्द : सं. स्व. अमीर सिंह, सुजान रसखान, पृ. 13
9. वहीं, पृ. 13
10. वहीं, पृ. 17

रामनरेश त्रिपाठी के खण्डकाव्य

द्विवेदीयुगीन काव्य-परम्परा में कविवर त्रिपाठी का महत्त्वपूर्ण स्थान है। स्वच्छन्द भावधारा के प्रवेश की प्रारम्भिक पृष्ठभूमि में त्रिपाठी जी प्रस्तुत काव्यधारा की विशेषताओं से प्रभावित होकर काव्यजगत् के प्रांगण में अवतरित हुए। अपनी प्रखर प्रतिभा द्वारा हिन्दी साहित्य के सभी अंगों पर आपने अपनी सफल लेखनी चलायी। हिन्दी के खण्डकाव्य क्षेत्र को भी आपने अपने मनोज्ञ काव्यों से सजाया। आपके प्रख्यात तीन खण्डकाव्य हैं- 'मिलन', 'पथिक' तथा 'स्वप्न' जो हिन्दी साहित्य की गौरव निधियाँ हैं। ये तीनों खण्डकाव्य स्वच्छन्द भावधारा के प्रारम्भिक लक्षणों के सप्राण प्रमाण उपस्थित करनेवाले हैं। आचार्य रामचन्द्र शुक्ल के शब्दों में- ''काव्य के क्षेत्र में जिस स्वाभाविक स्वच्छन्दता का आभास पं. श्रीधर पाठक ने दिया था, उसके द्वितीय उत्थान पथ पर चलनेवालों में त्रिपाठी जी दिखायी पड़े। मिलन, पथिक और स्वप्न नामक इनके तीनों खण्डकाव्यों में इनकी कल्पना ऐसे मर्मपथ पर चली है जिस पर मनुष्यमात्र का हृदय स्वभावतः ढलता आया है। ऐतिहासिक या पौराणिक कथाओं के भीतर न बँधकर अपनी भावना के अनुकूल स्वच्छन्द संचरण के लिए कवि ने नूतन कथाओं की उद्भावना की है। कल्पित आख्यानों की ओर यह विशेष झुकाव स्वच्छन्द मार्ग की अभिलाषा सूचित करता है।''[1]

मिलन

हिन्दी की आधुनिक खण्डकाव्य परम्परा में मिलन काव्य का स्थान बेजोड़ है। सन् 1918 में प्रकाशित प्रस्तुत खण्डकाव्य का आज तक बीसों संस्करण निकल चुके हैं जो इसकी लोकप्रियता का स्पष्ट परिचायक है। इस सुन्दर खण्डकाव्य के पाँच सर्ग हैं। काव्य का प्रारम्भ द्रुमलता-वितानों के बीच सज्जित एक कुटी में रहनेवाले युवमिथुनों- आनन्द कुमार एवं विजया के मधुर भाषण से होता है। देश सेवा के महान आदर्श से प्रेरित युवमिथुन देश सेवा के लिए कमर कसकर विश्व की विशाल रंगभूमि में उतर पड़ते हैं। पर विधि की गति से नदी पार करते वक्त उनकी नाव डूब जाती है।

दूसरे सर्ग में एक मुनि द्वारा नायिका विजया को जीवनदान देने का वर्णन है। विजया से सब बातें ज्ञात करके तीसरे सर्ग में मुनि बिछुड़े हुए युवक को भी खोज निकलते हैं तथा उससे बीते हुए जीवन की सम्पूर्ण गाथा सुन लेते हैं। युवक का पिता मिलन नगर का निवासी था। एक बार वह राजा का क्रोधपात्र बन गया तथा अपने इकलौते बेटे को एक मित्र मुनि के पास सौंपकर देश सेवा के लिए निकलता है। मुनि उसका ब्याह अपनी कुटिया में पली एक सुन्दर लड़की से करा देता है। इसके बाद पति-पत्नी के बिछुड़न की कथा भी वह सुना कहता है। यह कथा सुनकर पितृ-हृदय की मानवीय दुर्बलता को दबाकर मुनि उसे देश सेवा के महान् आदर्श की ओर उन्मुख कर देता है तथा पुनर्मिलन का संकेत भी देता है।

चौथे सर्ग में स्वतन्त्रता के महान् आदर्श की स्थापना के लिए प्रतिश्रुत तीनों को पाते हैं- मुनि आनन्द और विजया को। इनके द्वारा आयोजित भयानक विप्लव में शासन सत्ता पराजित हो जाती है। लेकिन युवक की जीवन रक्षा करते हुए मुनि को घातक घाव लगता है तथा युद्धभूमि में ही वे अपने प्राणों का विसर्जन कर देते हैं। इसी सर्ग के अन्त में युवक के जीवनरक्षक मुनि अपने को उसके पिता होने के रहस्य का उद्घाटन करते हैं। अन्तिम सर्ग जो बहुत ही छोटा है केवल तीन छन्दों में निर्मित है, युवमिथुनों के पुनर्मिलन का वर्णन है।

पथिक

'पथिक' खण्डकाव्य का प्रकाशन 1920 में हुआ। अब तक इसके छप्पन संस्करण निकल चुके हैं। यह कई भारतीय विश्वविद्यालयों में पाठ्यग्रन्थ हो चुका है ... तथा स्वतन्त्र जर्मनी के विश्वविद्यालय के हिन्दी पाठ्यक्रम में भी स्थान पाता रहा। कविरत्न मधुकर शास्त्री द्वारा इसका संस्कृत पद्यानुवाद 'पथिक काव्यम्' भी इसके काव्य माधुर्य का परिचायक है।[2] पाँच सर्गों से युक्त प्रस्तुत खण्डकाव्य का प्रारम्भ अरुणोदय के मनोज्ञ चित्रण से होता है। ऐसी रमणीय वेला में सागर तट पर प्रकृति की मनोहर छटा को निहारकर बैठनेवाले पथिक की खोज में उसकी विरहिणी पत्नी आ जाती है। वह उसे घर लौटा लेने की कोशिश करती है, पर पथिक मानते नहीं। प्रकृति के अनन्य पुजारी पथिक प्रकृति के कमनीय प्रांगण में खुशी-खुशी विहार करने की अभिलाषा प्रकट करके अपनी प्रिया को उस समुद्र-तट पर छोड़कर वन की ओर प्रस्थान करता है।

दूसरे सर्ग में सायंकाल की सुरम्य छटा को निहारते हुए बैठनेवाले पथिक की भेंट एक साधु से होती है। साधु उसकी पलायनवृत्ति को धिक्कारता है तथा उसे संसार के रंगमंच पर जाकर कर्म करने की प्रेरणा देता है। तीसरे सर्ग में एक तरफ पथिक के कर्मठ जीवन का चित्रण है तो दूसरी तरफ स्वदेश की दुरवस्था का कारुणिक चित्र भी है। स्वदेश में प्रजा की पीड़ा देख उसका दिल भर जाता है। प्रजा

तथा स्वदेश के सुधार के लिए राजा से प्रार्थना करने के लिए पथिक राजसभा जाता है तथा प्रजा के दुःख की करुण गाथा सुनाकर राजा से नीतिपूर्ण शासनव्यवस्था की माँग करता है। पथिक की बातें सुनकर आग-बबूला हो, राजा उसे राजसभा से निष्कासित कर देता है। परिणामतः राजा से असहयोग आन्दोलन करने को ठान लेता है।

चौथे सर्ग के प्रारम्भ में पथिक-पत्नी की विरह व्याकुलता का मार्मिक चित्रण है। पथिक के वन गमन के उपरान्त साधु का आश्वासन पाकर वह घर लौट आयी थी। आन्दोलन के जोड़ पकड़ लेने पर राजा पथिक को मृत्युदण्ड देने की घोषणा करता है। एक यात्री दल के मुँह से यह बात सुनकर पत्नी दौड़े-दौड़े राजदरबार में पहुँच जाती है। वहाँ पथिक को पिलाने के लिए जो विष रखा हुआ था, उसे स्वयं पी लेती है। राजाज्ञा पर राजदूत पथिक-पुत्र को मार डालते हैं। राजा की नृशंसता पर क्रुद्ध जनता प्रतिहिंसा के लिए अग्रसर होती है। पर पथिक अहिंसा का उपदेश देकर उन्हें विरत करता है तथा कहता है कि स्वदेश की रक्षा के लिए प्राणों की बलि करनी चाहिए। इसी समय सर्गारम्भ का साधु भी वहाँ उपस्थित होता है। पथिक को साधुवाद देकर वह वहाँ समाधि लगाकर स्वर्गवासी हो जाता है। पथिक को वधिक मार डालता है।

'मिलन' में विदेशी शासक के अत्याचारों तथा उन अत्याचारों से पीड़ित प्रजा की दीन दशा का वर्णन किया गया है। ये बातें स्वतन्त्रतापूर्व भारत पर भी लागू हो सकती हैं। इसके बाद काव्यनायक आनन्द कुमार तथा उनकी प्रिया विजया का देशभर में भ्रमण कर देशवासियों में जागृति उत्पन्न करने का चित्रण है। यह हमें भारत की आज़ादी के लिए प्रयत्नशील महात्मा गाँधी तथा अन्य देशप्रेमी नेताओं की याद दिलाती है। राष्ट्रीय भावना व देशभक्ति से ओतप्रोत आनन्द के शत्रुओं के विरुद्ध विचार निहारिये-

"किया जिन्होंने स्वर्णभूमि को, कौड़ी का मुहताज
किया पददलित हाथ! हमारा, देव समर्पित ताज।"[3]

जनता में विद्रोह एवं राष्ट्रीय भावना के जागृत होने पर राजा-प्रजा के बीच युद्ध होता है तथा उस बीच काव्यनायक के पिता मुनि का प्राणदान होता है तथा विदेशी भाग जाते हैं। विश्वम्भर 'मानव' के शब्दों में -

"इस प्रकार देश को जो जय सन् 1947 में मिली, उसकी कल्पना त्रिपाठी जी अपनी अन्तश्चेतना से सन् 1918 में ही कर ली थी।"[4]

पथिक में एक कर्मशील नायक का देश की स्वतन्त्रता हेतु असहयोग आन्दोलन के हथियार से प्रयत्नशील होने का वर्णन है। काव्यान्त में आकर सभी पात्रों का अन्त तो होता है, पर तब तक जनता सचेत हो चुकी थी। जनता राजा

को देश से निकाल देती है तथा स्वराज्य की स्थापना करती है। 'स्वप्न' में मातृभूमि पर विदेशियों के आक्रमण का तथा सुमना के द्वारा सजग बना देने पर बसन्त का आक्रमणकारियों से लोहा लेने का वर्णन है। यों त्रिपाठी जी के तीनों खण्डकाव्य राष्ट्रीय भावधारा से प्रभावित राजनीतिक चेतना के उज्ज्वल प्रतीक हैं। उनकी विचारधारा पर गाँधीवाद का अमिट प्रभाव है। पथिक काव्य में तो उसका निस्तुल्य निदर्शन है। इसमें आत्मत्याग व आत्मबलिदान के मंगलमय प्रभाव का चित्रण हुआ है। इसका काव्यनायक तो गाँधी जी के पथ पर चलनेवाले पथिक ही है। इसके बारे में अपना मत प्रकट करते हुए श्री रामखेलावन चौधरी लिखते हैं- "...वास्तव में पथिक नायक के गुण और कार्यों को देखा जाय तो वह राष्ट्रपिता महात्मा गाँधी का प्रतिफल जान पड़ता है।"[5]

आपकी राय में गाँधी जी के प्रति अगाध श्रद्धा तथा उनके विश्ववन्द्य होने के कारण उनके व्यक्तित्व को दूसरा नाम देने में हिचककर हों कवि ने काव्यनायक का कोई नाम नहीं दिया। सचमुच कवि ने पथिक के काव्यनायक को गाँधी जी के चरित्र के अनुरूप ढाल दिया है। तीनों खण्डकाव्यों में देशभक्ति के उत्कृष्टतम रूप दर्शित होते हैं। शुक्ल जी का मन्तव्य है- "स्वदेश भक्ति को जो भावना भारतेन्दु के समय से चली आती थी, उसे सुन्दर कल्पना द्वारा रमणीय और आकर्षक रूप त्रिपाठी जी ने ही प्रदान किया। त्रिपाठी जी के उपर्युक्त तीनों काव्य देशभक्ति के भाव से प्रेरित हैं। देशभक्ति का यह भाव उनके मुख्य पात्रों को जीवन के कई क्षेत्रों में सौन्दर्य प्रदान करता दिखायी पड़ता है- कर्म के क्षेत्र में भी, प्रेम के क्षेत्र में भी, देशभक्ति का रसात्मक रूप त्रिपाठी जी से ही प्राप्त हुआ, इसमें सन्देह नहीं।"[6] इनके काव्यों में पावन प्रेम के दो रूप गंगा-जमुना की भाँति प्रवाहित है वैयक्तिक प्रेम तथा देशप्रेम। सामाजिक प्रेम, देशप्रेम के साथ मिलकर एक हो जाता है, फिर देश के हित व्यक्ति अपने प्रेम की बलि करके राष्ट्रीयता का बाना पहन लेता है।

पाँचवें सर्ग में जनजागरण का सच्चा चित्रण है। पथिक में अपने प्राणों की बलि देकर जनता को सचेतन कर दिया। जब राजा पथिक के घर का नामोनिशान तक मिटा देने तथा उनके अनुयायियों को मृत्यु के घाट उतारने की आज्ञा देता है तब जागृत जनता एक हो जाती है। राजसेवक भी जनता से मिल जाते हैं। सब मिलकर राजा को देश से निकाल देते हैं। देश में जनता के प्रतिनिधियों का शासन प्रारम्भ हो जाता है। स्वदेश की बलिवेदी पर प्राण चढ़ानेवाले पथिक, साधु, पथिक-प्रिया तथा पथिक-पुत्र की स्मृति में जनता एक विशाल मन्दिर बनाती है तथा चारों की मूर्तियों की स्थापना करती है। उनके यश-गान से देश गूँज उठता है।

स्वप्न

'स्वप्न' त्रिपाठी जी कृत तृतीय खण्डकाव्य है जिसका प्रकाशन 1929 में हुआ। काव्य की भूमिका में कवि ने स्वयं बताया है कि कश्मीर यात्रा के स्मृति रूप में इस काव्य का प्रणयन हुआ है। यह काव्य पाँच सर्गों में विभक्त है। कथानायक वसन्त के दुविधामय दृश्य चित्रण से कथा का श्रीगणेश होता है। उसको एक ओर तो देश के दुःख-दैन्य का मानसिक कष्ट है तो दूसरी ओर प्रेयसी के सौन्दर्य एवं श्रृंगार का तथा प्रकृति की सुखद गोदी का प्रोत्साहन है। दूसरा सर्ग प्रकृति के मनोरम चित्रों तथा 'भाव भरान्वित' वसन्त की मधुर कल्पनाओं से ओतप्रोत है। उसकी प्रिया सुमना अपने पति की चिन्ता से विरत करने का प्रयत्न करती है। फलतः वह गृहस्थ जीवन के सुखभोग की ओर उन्मुख हो जाता है। तृतीय सर्ग में वसन्त के सुख-समृद्ध देश पर होनेवाले शत्रुओं के आक्रमण एवं देशरक्षा के लिए कमर कस लेनेवाले देशवासियों की वीरता का वर्णन है। इस परिस्थिति में बसन्त अपनी प्रिया संग विलास में जाता है। मानिनी सुमना पति के ऐसे आचरण पर लज्जा व ग्लानि से भर जाती है। वह एक रात मरदाने वेष पहनकर घर से निकल पड़ती है । चौथे सर्ग में पत्नी वियोग से दुःखी वसन्त का सुमना की खोज में गली-गली घूमने-फिरने का वर्णन है। आशा निराशा में बदल जाती तथा वह विरागी होने लगता है। तब अचानक एक बलिष्ठ युवक उसके पास आता है तथा स्वदेश रक्षा के लिए प्रयत्नशील होने की प्रेरणा देता है। यह भी सूचित करता है कि सुमना नामक एक युवती भी देश रक्षा के पुनीत कर्त्तव्य संरत है। वसन्त में पौरुष का जागरण होता है तथा वह युद्धभूमि में अवतरित होता है। पाँचवें सर्ग में वसन्त का रणांगण में कूद पड़ने तथा दूसरे को प्रेरणा देने तथा विजयलक्ष्मी को प्राप्त करने का वर्णन है। चारों ओर उसके कीर्त्तिगान से मुखरित होता है। वसन्त इस आनन्दोत्सव के बीच अपने को प्रेरित करके युद्धभूमि में खड़े करनेवाले उस युवक को खोजता है। इसी अवसर पर सुमना पति के गले में विजयमाला पहनाती है तथा कर्णपुटों में बता देती है कि वह युवक जिसकी खोज वसन्त करता है वह वही है। यहीं पर काव्य का सुखद परिणाम होता है।

त्रिपाठी जी के तीनों खण्डकाव्य उनकी राष्ट्रीय चेतना से ओतप्रोत है। इसका कारण तत्कालीन भारतीय परिस्थितियाँ हैं। "Poet and the age react upon each other'- कवि और युग एक-दूसरे को प्रभावित करते हैं- यह कथन सचमुच सार्थक है। त्रिपाठी जी के युग में भारत माता विदेशियों की गुलामी की श्रृंखलाओं में जकड़कर मुक्ति के लिए कराह रही थी। कवियों ने भारतीय जनता की राष्ट्रीय चेतना को सजग करने का प्रयास किया है। उसी प्रकार के सफल प्रयास है- त्रिपाठी जी के तीनों खण्डकाव्य। ''देश की सामाजिक और राजनीतिक परिस्थितियों में

युवकों और युवतियों के आदर्श की व्यंजना करने के लिए श्री रामनरेश त्रिपाठी ने आलोच्य काल में मिलन और पथिक- दो सुन्दर खण्डकाव्य लिखे। कल्पना प्रसूत आख्यान होते हुए भी इनमें देश का वर्तमान समाज ही चित्रित है- जिसके उद्धार की पुकार है।"[7]

त्रिपाठी जी के तीनों खण्डकाव्यों में भावपक्ष एवं कलापक्ष का मणिकांचन संयोग हुआ है। तीनों काव्यों के कथानक कवि के कल्पनावैभव की उपज हैं। कथा कलेवर अनतिविस्तृत है। प्रकृति के अनुपम पुजारी कवि ने अपने तीनों खण्डकाव्यों में प्रकृति का सुरम्य चित्रण किया है। पथिक में दक्षिण भारत तथा रामेश्वरम के सागर-तट की आकर्षक झाँकी है तो स्वप्न में कश्मीर की मनोहारी सुषमा अंकित है। पथिक में प्रारम्भिक काव्य के प्रकृति चित्रण वैभव का सप्राण प्रमाण है-

"राग-रथौ, रविराग-पथी अविराग-विनोद बसेरा।
प्रकृति भवन के सब विभवों से सुन्दर सरस सबेरा ॥
एक दिवस अतिमुदित उदधि के बीचि-चुम्बित तीरे
सुख की भाँति मिला प्राची से आकर धीरे-धीरे ॥"

कवि लिखते हैं- 1920 ई. में मैं रामेश्वरम की यात्रा पर गया था। वहाँ पहली बार समुद्र देखा। इसकी छवि देखकर आत्मविभोर हो उठा। मारे प्रसन्नता के दोनों पैर सागर के पानी में एक शिला पर बैठ गया और मुँह से अपन-आप एक पद निकल गया। वही पथिक का प्रथम पद है।"[8] प्रकृति के विभिन्न रूपों के वर्णन से आपका प्रकृति वर्णन बहुत बढ़िया हो गया है। इस कारण काव्य वर्णनप्रधान भी हो गया है।

अपने खण्डकाव्यों में कवि ने इने-गिने पात्रों को ही स्थान दिया है। वर्णनप्रधान के बीच कवि को चरित्रोद्घाटन का समय मिला ही नहीं। कहीं-कहीं काव्य के पात्र कवि के उद्देश्य के पात्र ही रह गये हैं। काव्य के पात्रों के इने-गिने होने पर भी उनमें कवि ने वैविध्य दर्शाया है। यदि एक ओर पथिक, आनन्द कुमार बसन्त जैसे आदर्शवादी पात्र दृष्टिगोचर तो होते दूसरी ओर नृप जैसे नृशंस क्रूर निर्दयी पात्र भी। पथिक-प्रिया विजया, सुमना आदर्श पतिव्रता, वीर नारी पात्र हैं तो साधु मुनि जैसे आदर्श देशभक्त। चरित्र की यह विशेषता केवल उनकी सामूहिकता में है। पात्रों के चरित्र में कोई भी विविधता दीख नहीं पड़ती। यही नहीं, पात्र प्रारम्भ से अनन्त तक एक ही चारित्रिक विशेषता लिये हुए हैं। पात्रों के घात-प्रतिघात या अन्य प्रभावों से इन चरित्रों में कोई परिवर्तन नहीं होता। पात्रों के मानसिक संघर्षों का चित्रण भी विरला ही हुआ। इसका अपवाद तो स्वप्न का नायक बसन्त ही है जिसके भीतर को कवि ने दर्शाया है। एक ओर वसन्त का मन अपनी प्रिया की ओर आकर्षित होता है और दूसरी ओर उसके सामने देश की दुर्दशा का चित्र उपस्थित है। कवि ने अनके छन्दों में उसके इस तरह बदलते हुए विचारों की अभिव्यक्ति की है। विशेषता इस बात की है कि शृंगार व करुणा का पारम्परिक द्वन्द्व वसन्त

के हृदय को सच्ची पुकार प्रतीत होती है। सिवाय नृप के पात्र आदर्शवादी हैं। कवि ने तीनों काव्यों में पति-पत्नी को वियुक्त कर दिया है। शायद देश सेवा के लिए पति-पत्नी के साथ-साथ जीवन को वे समझते हैं। तीनों ही कृतियाँ सुखान्त हैं। पथिक में प्रमुख पात्रों की मृत्यु होने के कारण कथानक का रूप दुःखान्त प्रतीत होता है, पर जिस उद्देश्य को लेकर कथावस्तु चलती है, उसकी पूर्ति अन्त में होती है अतः काव्य का सुखान्त परिणाम ही होता है।

रसात्मकता आपके काव्यों की महती विशेषता है। मिलन तथा स्वप्न में मुख्य रूप से करुणा एवं अंग रूप में शृंगार, रौद्र, वीर आदि रसों की अभिव्यक्ति हुई है। रसाभिव्यक्ति की दृष्टि से स्वप्न का अपना विशेष महत्त्व है। खण्डकाव्य की भूमिका में कवि ने स्वयं काव्य में वर्णित रसों का उल्लेख किया है - ''...आजकल एक ओर तो देश का दुःख दैन्य करुणा उत्पन्न कर रहा है, दूसरी ओर सौन्दर्य, शृंगार और सुख के लिए प्रकृति का प्रोत्साहन है। नवयुवकों का मार्ग शृंगार और करुण रस के बीच का है ... इससे इसमें दो परस्पर विरोधी रसों का मिश्रण हो गया है। सचमुच इस काव्य में अंगी रूप में शृंगार व करुण रस की व्यंजना हुई है। प्रासंगिक रूप से यत्र-तत्र वीर भाव और शान्त रस के भी उदाहरण मिल सकते है।

भावपक्ष की भाँति कलापक्ष का भी प्राणवान् व सशक्त होना नितान्त आवश्यक है। कलापक्ष में काव्य की भाषा-शैली का ही सबसे महत्त्वपूर्ण स्थान रहता है। कवि ने अनुभूतियों की सुन्दर अभिव्यक्ति सुन्दरतम शैली में की है। आपकी खड़ी बोली भाषा भावाभिव्यक्ति में सर्वदा सक्षम रही है। संस्कृत की सामासिक पदावली की ओर आपका विशेष स्थान रहा है। भाषा शैली को मनोरम बनाने के लिए आवश्यक अलंकारों का प्रयोग भी आपने किया है। माधुर्य एवं प्रसाद गुण ही अधिकांशतया आपके काव्यों में अभिव्यक्त हुए हैं। मिलन काव्य में 16, 11 के विराम से 26 मात्राओं के छन्द का प्रयोग हुआ है।[9] पथिक काव्य में सार (ललितपद) छन्द का प्रयोग हुआ है। 16, 12 की यति पर 28 मात्राओं से युक्त यह छन्द पथिक जैसे वर्णनात्मक काव्य के लिए सर्वथा उचित हुआ है तथा कवि ने इसका सफल प्रयोग भी किया है। स्वप्न में 16 मात्राओं के अरिल्ल छन्द का प्रयोग हुआ है। (अन्त में य गण या दो लघु होना है रगण न होना चाहिए। इसके पाँच सर्गों में प्रत्येक में 42 छन्द हैं।)

भाव-सौन्दर्य, रस संचार, कला-सौष्ठव, मौलिकता, स्वाभाविकता सभी दृष्टियों से आपके खण्डकाव्य उत्तम हुए हैं। वर्णनप्रधानता तथा घटनाव्यापारों की कमी कभी-कभी पाठकों को उबा देती है। और एक ऐब यह भी कहा जा सकता है कि वर्णन के कुछ प्रसंगों में प्राचीनकाल के कवियों के भावों की छाप परिलक्षित होती है। जैसे पथिक काव्य के वियोग प्रसंग में (नायिका की उक्तियाँ)

"एक बार आओ आँखों में मूँद तुम्हें मैं लूँगी
देखूँगी फिर न और को, तुम्हें न देखने दूँगी।"

यह कबीरदास की इस उक्ति की याद दिलाती है-

["नैना अंतरि आव तू, ज्यों ही नैन झंपेऊ
ना मैं देखूँ और को, ना तुम्ह देखन देऊँ।"]
काग! साध अब पूरी कर लो चुन कर इस तन को
देना छोड़ दया करके प्रिय दर्शन व्रती नयन को ॥
यह तन जारौं छार कै कहाँ कि पवन उड़ाऊ
मकु तेहि मारग होइ परौं कत धरै जहाँ पाऊ ॥ (जायसी)

खण्डकाव्य कला की कसौटी पर भी त्रिपाठी जी के तीनों खण्डकाव्य खरे उतरते हैं। कथानक का आधार लिये इन काव्यों में भाव और छन्द शृंखलाबद्ध है और तारतम्य है। उनका रूप सर्वथा कथात्मक है। तीनों काव्यों में पाँच-पाँच सर्ग का विधान हुआ है। इनमें आदि से अन्त तक एक ही छन्द का प्रयोग हुआ है। तीनों काव्यों के शीर्षक संक्षिप्त हैं सार्थक भी। शृंगार या करुण रस ही इन काव्यों के मुख्य रस रहे हैं, वीर, रौद्र, शान्त आदि रस अंग रूप में भी। मिलन तथा स्वप्न में देश सेवा के महान् आदर्श को लेकर प्रयत्नशील युवभिक्षुओं का वर्णन है। 'पथिक' में स्वदेश सेवा के लिए अपने प्राणों को न्यौछावर करनेवाले पथिक के जीवन की एक महत्त्वपूर्ण घटना का वर्णन हुआ है। सम्पूर्ण जीवन गाथा इसमें नहीं मिलती है। जीवन के एक मार्मिक पक्ष की ही अभिव्यक्ति इनमें मिलती है। प्रमुख कथा के साथ अन्य प्रासंगिक कथाओं का सर्वथा अभाव इनमें है। काव्यों का उद्देश्य भी बहुत सीमित है। ये काव्य देश सेवा के महान् आदर्श को लक्ष्य करके रचे हैं।

इस प्रकार समग्रतः विचार करने पर ज्ञात होगा कि त्रिपाठी जी के तीनों खण्डकाव्य- मिलन, पथिक तथा स्वप्न-खण्डकाव्य की कसौटी पर खरे उतरनेवाले हैं तथा सर्वथा सफल भी हैं।

सन्दर्भ-ग्रन्थ

1. आचार्य रामचन्द्र शुक्ल : हिन्दी साहित्य का इतिहास : 16-पृ. 599-600.
2. रामनरेश त्रिपाठी : व्यक्तित्व और कृतित्व : ले. रामेश्वर अग्रवाल, पृ. 48.
3. मिलन सर्ग 1, पद 14.
4. आधुनिक कवि : विश्वम्भर मानव।
5. पथिक : एक अध्ययन, रामखेलावन चौधरी, पृ. 6.
6. रामचन्द्र शुक्ल : हिन्दी साहित्य का इतिहास, सोलहवां संस्करण, पृ. 300.
7. हिन्दी कविता में युगान्तर : डॉ. सुधीन्द्र, पृ. 137 संस्करण - 2
8. श्रद्धांजलि विशेषांक - सम्मेलन पत्रिका, पृ. 254-255
9. सोरह ग्यारह आदि के करिये सरसी छन्द कवीत्त काव्य प्रदीप।

जयशंकर प्रसाद के लघु प्रबन्धकाव्य : वस्तु तथा शिल्प

जयशंकर प्रसाद की काव्यकृतियों से गुजरते हुए काव्यास्वादकों व काव्यालोचकों का ध्यान जितना उनके वृहत् प्रबन्धकाव्य (कामायनी) पर अटक जाता है, उतना उनके लघु प्रबन्धकाव्यों पर नहीं। यही कारण है कि कामायनी के मूल्यांकन-पुनर्मूल्यांकन की ओर विद्वानों की जितनी दिलचस्पी रही, उतनी उनके लघु प्रबन्धकाव्यों के मूल्यांकन की ओर नहीं रही। किन्तु यह निःसन्देह रेखांकित किया जा सकता है कि प्रसाद काव्य के सम्यक् मूल्यांकन के लिए उनके प्रारम्भिक लघु प्रबन्धकाव्यों का वैज्ञानिक अध्ययन नितान्त आवश्यक है क्योंकि इन लघुकाव्यों की सीढ़ियों से गुज़रकर ही वे 'कामायनी' की महत्त्वपूर्ण मंज़िल तक पहुँच पाये हैं। प्रसाद की काव्य-प्रतिभा के उत्तरोत्तर विकास की सही पहचान के लिए उनके लघु प्रबन्धकाव्यों के अनुभूति एवं अभिव्यक्ति पक्ष अथवा वस्तु एवं शिल्प पक्ष का अनुशीलन अनिवार्य ठहरता है।

प्रसाद के लघु प्रबन्धकाव्यों में 'प्रेमपथिक' (ब्रजभाषा), 'प्रेमपथिक' (खड़ीबोली), 'महाराणा का महत्त्व' तथा 'आँसू' (जिसका काव्यरूप विवादास्पद है) आते हैं। लघु प्रबन्धकाव्य का मतलब यहाँ प्रबन्धकाव्य के लघुरूप खण्डकाव्य से ही लिया जा रहा है। जिस काव्य में जीवन के किसी एक महत्त्वपूर्ण पहलू का प्रभावशाली और स्वतः पूर्ण वर्णन हो , वही काव्य खण्डकाव्य की परिसीमा में आता है।

प्रसाद के लघु प्रबन्धकाव्यों में ब्रजभाषा में विरचित 'प्रेमपथिक' प्रथमतः आता है। इस काव्य का एक संस्करण खड़ीबोली में भी निकला है जिसकी भूमिका में स्वयं कवि ने निवेदन किया है कि - "यह काव्य ब्रजभाषा में आठ वर्ष पहले मैंने लिखा था"[1] यह खड़ीबोली संस्करण सन् 1970 में निकला है। तब तो काव्य के ब्रजभाषा रूप का रचनाकाल सन् 1906 ठहरता है। प्रेम के विशिष्ट एवं विराट् रूप के दिग्दर्शन में यह काव्य विशेषतया सफल निकला है। काव्यारम्भ में प्रेम-पथ का पथिक अपने नगर से प्रस्थान करता है-

"छाड़ि के अभिराम अति सुखधाम चारु, अराम। पथिक इक कीन्हो गमन सुप्रवास को अभिराम।"

प्रकृति के मनोहारी दर्शन से उसका मन मुग्ध हो जाता है। ग्रामदेवता की वन्दना करके वह वट वृक्ष की सुरम्य शीतल छाया में विश्राम लेने लगता है तो उसे एक पपीहे की - 'पी कहाँ' की पुकार सुनता है। पुकार सुनने पर उसके हृदय में प्रेम की पीर जाग पड़ती है। प्रिया की सुमधुर स्मृतियाँ उसके हृदय में चर कर लेती हैं। प्रिया की स्मृतियों में डूबे, किसी मरुप्रदेश में पहुँचे उस पथिक के सम्मुख स्वयं प्रेम अवतरित होकर उसे लौट जाने का सन्देश सुनाता है। पथिक का मन नवोन्मेष से भर उठता है। उसे ज्ञात होता है कि प्रेम का सागर अथाह है तथा उसका कुछ छोर नहीं है।

प्रस्तुत क्षीण कथातन्त्री पर इस खण्डकाव्य का संयोजन हुआ है। इस प्रणय कथा का प्रमुख लक्ष्य कथावस्तु या घटनाओं का संयोजन नहीं, प्रणय के सम्बन्ध में कवि की अपनी अनुभूतियों की अभिव्यक्ति ही प्रतीत होता है। परम्परागत इतिवृत्तात्मक काव्यधारा के सम्मुख सूक्ष्मानुभूतियों पर गढ़ा यह लघु प्रेमकाव्य वस्तुतः एक चुनौती रहा।

प्रसाद जी के ब्रजभाषा में विरचित 'प्रेमपथिक' का परिवर्तित एवं परिवर्द्धित खड़ीबोली संस्करण सन् 1914 में प्रकाशित हुआ। खड़ीबोली 'प्रेमपथिक' का कथ्य संक्षेप में यो हैः निराश प्रेम के अवसाद में एक प्रेमी पथगामी बनकर निकलता है। प्रकृति की मनोरम छटा निहारकर आगे बढ़नेवाला पथिक नदी/तट पर एक झोपड़ी देख लेता है। वहाँ एक तापसी उसका स्वागत करती है और उसके इस प्रकार पथिक बनकर निकलने का कारण पूछ लेती है। यहीं से कथा की पूर्व दीप्ति होती है (Flash back) जिसमें पथिक अपनी जीवनगाथा सुनाता है। पथिक किशोर आनन्द नगर का निवासी था। किशोरावस्था में उसका परिचय एक सुन्दरी भोली-भाली बाला चमेली (पुतली) के साथ होता है। प्रकृति की सुरम्य गोदी में खेले-कूदे एक साथ बढ़े उनके मन परस्पर खिंच जाते हैं। पर विधि की विडम्बना से बाला की शादी किसी दूसरे व्यक्ति के साथ हो जाती है। तभी से उस अल्हड़ प्रेमी का मन निराशा एवं अवसाद से भर जाता है। एक दिन उस निराश प्रेमी के सम्मुख स्वयं प्रेम अवतरित होकर उसे प्रेम के त्याग एवं बलिदान का सन्देश सुनाता है :

"पथिक! प्रेम की राह अनोखी भूल-भूलकर चलना है
घनी छाँह है जो ऊपर तो नीचे काँटे बिछे हुए,
प्रेमयज्ञ में स्वार्थ और कामना हवन करना होगा
तब तुम प्रियतम स्वर्ग-बिहारी होने का फल पाओगे ॥

यह सन्देश सुनकर वह आनन्द पथ का पथिक बन जाता है। कहानी की इति पर दोनों एक-दूसरे को पहचान लेते हैं और पुनः दोनों मिल जाते हैं। चमेली भी दैवगति से पति-प्रेम से वंचिता और विधवा हुई थी और तापसी का जीवन बिता रही थी। दोनों के इस अकस्मात् मिलन का आध्यात्मिक स्तर पर चित्रण के साथ काव्य समाप्त हो जाता है।

कविवर गोल्डस्मिथ के 'द हरमिट' नामक आख्यानक काव्य (narrative poem) के काव्यानुवाद के रूप में पं. श्रीधर पाठक द्वारा विरचित 'एकान्तवासी योगी' तत्कालीन हिन्दी काव्यक्षेत्र में विशेष चर्चित एवं लोकप्रिय रहा था। प्रसाद जी के 'प्रेमपथिक' पर इस काव्य का अमिट प्रभाव पड़ा है। 'द हरमिट' अथवा 'एकान्तवासी योगी' में जंगल में एकान्त में रहनेवाले योगी के पास कोई भूला-भटका पथिक आ जाता है। इस पथिक को भिन्न देखकर योगी उससे कारण पूछ लेता है। अविलम्ब उस योगी को इस बात का पता चलता है कि वह पथिक कोई पुरुष नहीं, स्त्री है। उसने योगी को अपनी कथा सुनायी कि टाइन नदी के किनारे वह अपने बाप के साथ रहती थी। एडविन नामक एक युवक उस पर विशेष मुग्ध था। युवती ने उसकी प्रेम-परीक्षा लेनी चाही तो निराश होकर वह कहीं चला गया। अपने प्रेमी के प्रस्थान के बाद वह हताश होकर उसी की खोज में निकल पड़ी है। वह एकान्तवासी योगी तो एडविन ही था। उसने अपनी प्रेमिका अंजलैना को पहचान लिया और बिछुड़े हुए प्रेमी पुनः मिल गये। एडविन भी उसी के प्रेम में योगी बनकर निकला था।

स्पष्ट है 'प्रेमपथिक' की कथावस्तु, वस्तुवर्णन, कौतूहल आदि 'द हरमिट' से अनुप्राणित है। दोनों ही काव्यों में प्रणयी प्रेम पथ के पथिक के रूप में योगी बनकर निकल पड़ते हैं। काव्य के पात्रों में एक आश्रयदाता है तथा दूसरा प्रेमपथ का पथिक। दोनों में पथिक अपने पथिक बनकर निकलने की कहानी सुनाता है और आखिर यह प्रकट हो जाता है कि श्रोता और कोई नहीं उसका ही प्रेमी या प्रेमिका है। दोनों ही काव्यों में प्रेमी-प्रेमिका का दैवगति से अकस्मात् मिलन भी होता है।

'एकान्तवासी योगी' की पाश्चात्य कथावस्तु में भारतीयता लाने के लिए प्रसाद ने अपने काव्य में यत्र-तत्र आवश्यक परिवर्तन किये हैं। 'एकान्तवासी योगी' में स्त्री युवक के वेष में प्रेमी की खोज में निकलती है। 'प्रेमपथिक' में आश्रयदाता नारी है। 'एकान्तवासी योगी' में प्रणय का प्रारम्भ नारी की अपूर्व रूपछवि के मोह में होता है तो 'प्रेमपथिक' में प्रणय का विकास साहचर्य के कारण होता है। इसी भाँति 'एकान्तवासी योगी' में प्रणय की असफलता प्रेमिका द्वारा प्रेम-परीक्षा लेने के कारण होती है तो प्रसाद के काव्य में पारिवारिक समस्याएँ - बाला की शादी के

मामले में माँ-बाप का हस्तक्षेप ही इसका कारण है, जो भारतीयता के अनुरूप है। डॉ. गणपतिचन्द्र गुप्त की राय में - "'प्रेमपथिक' का बाह्य ढाँचा पाश्चात्य रचना 'एकान्तवासी योगी' से गृहीत है किन्तु उसकी अन्तरात्मा कवि के अपने युग, समाज और जीवन की अनुभूतियों से अनुप्राणित है।"[2] यह कथन भी समीचीन है कि - "वे (प्रसाद) आधुनिक हिन्दी काव्य के सबसे बड़े भारतीय कवि है।"[3]

इस प्रसंग में यह भी उल्लेखनीय है कि दिव्य प्रेम के अमर गायक मलयालम के श्रेष्ठ कवि कुमारनाशान के 'नलिनी' तथा 'लीला' नामक दो खण्डकाव्यों की कथावस्तु भी ऐसे ही अनोखे प्रेमतत्त्व को उभारनेवाली है। काव्यकथा का नाटकीय आरम्भ, कथा कथन की पूर्वदीप्ति-पद्धति, आख़िर बिछुड़े हुए प्रेमियों के पुनर्मिलन आदि बातों में 'द हरमिट', 'प्रेमपथिक', 'नलिनी' तथा 'लीला' काव्यों में अपूर्व समता है। गोल्डस्मिथ और प्रसाद के काव्य सुखान्त हैं तो आशान के प्रेमकाव्य दुःखान्त हैं।

प्रसाद जी का एक ऐतिहासिक खण्डकाव्य है 'महाराणा का महत्त्व'। सन् 1914 में यह काव्य प्रकाशित हुआ। भारतीय इतिहास के यशस्वी वीर महाराणा प्रताप के उदात्त चरित्र के एक मार्मिक पहलू का सजीव उद्‌घाटन इस काव्य में हुआ है। काव्य की कथावस्तु संक्षेप में यों है : राजस्थान के मरुस्थल से होकर अब्दुल रहीम खानखाना की बेगम की शिविका गुजर रही थी। उस शिविका के साथ चलनेवाले मुग़ल सैनिकों पर कुँवर अमरसिंह के नेतृत्व में राजपूत सेना टूट पड़ती है। राजपूत सेना मुग़ल सैनिकों को पकड़ लेती है तथा साथ-ही-साथ खानखाना की रूपवती बेगम को भी बन्दी बना लेती है। समाचार पाकर राणा प्रताप एकदम क्रुद्ध हो जाते हैं तथा अपनी सेना को उस स़्त्री को, चाहे वह शत्रुपक्ष की ही क्यों न हो आदरपूर्वक उसके पति के पास लौटाने का आदेश देते हैं। महाराणा की इस अपूर्व उदारता का प्रभाव बेगम तथा खानखाना पर पड़ता है। खानखाना से सारा हाल जानकर बादशाह अकबर भी खूब प्रभावित हो जाते हैं तथा यह निर्णय सबको सुनाते हैं कि अब वे महाराणा प्रताप के साथ लड़ाई नहीं करेंगे।

ऐतिहासिक घटना को आधार बनाकर प्रसाद जी ने यह आदर्शप्रधान खण्डकाव्य रचा है जो एक ओर भारत की गरिमामय संस्कृति के महान् सन्देश की उद्‌घोषणा करता है तथा दूसरी ओर राष्ट्रीय जागरण का शंखनाद भी मुखरित करता है।

'आँसू' छायावादी कविता की समस्त विशेषताओं से अभिमण्डित प्रसाद का सर्वश्रेष्ठ लघु प्रबन्धकाव्य है। आचार्य विनयमोहन शर्मा ने यहाँ तक लिखा है कि "यदि 'आँसू' का प्रकाशन न होता तो छायावाद की भूमि ही अनिर्दिष्ट रह जाती। ...यह छायावाद युग की प्रतिनिधि रचना है।"[4] 'आँसू' के बारे में कहा जाता है

इसकी रचना कवि ने 'कामायनी' में एक सर्ग के रूप में सम्मिलित करने के लिए की थी, किन्तु फिर कथानक में ठीक न बैठने के कारण वह ऐसा न कर सका।''[5] 'आँसू' काव्य की रचना प्रसाद ने सन् 1923-24 के लगभग की और इसका प्रथम प्रकाशन हुआ सन् 1925 में। इसमें केवल 126 छन्द थे। फिर सात-आठ वर्ष पश्चात् इसका दूसरा परिवर्द्धित संस्करण निकला जिसमें 190 छन्द हैं। इसमें काव्य के कुछ छन्दों का क्रम बदल डाला गया है तथा कुछ नये छन्द भी जोड़ दिये गये हैं।

'आँसू' एक विरह काव्य है जिसमें एक विरही हृदय के सहज स्वाभाविक उद्गारों का बहिर्गमन हुआ है -

''जो घनीभूत पीड़ा थी
मस्तक में स्मृति-सी छायी
दुर्दिन में आँसू बनकर
वह आज बरसने आयी।''

काव्य के आरम्भ में कवि अपने प्रेम की करुण कथा सुनाने का उपक्रम करते हैं तथा फिर प्रथम दर्शन से लेकर वियोग तक की अनुभूतियों की अभिव्यंजना करते हैं। ''शशिमुख पर घूँघट डाले, आँचल में दीप छिपाये'' गोधूली वेला में कवि मानस में प्रथमतः अवतरित हुए उस रूप के प्रति कवि का आकर्षण बढ़ता ही जाता है। कवि ने उस रूप का अनोख वर्णन किया है जिसने उन्हें प्रभावित किया। पूर्वराग के बाद उनके जीवन में मधुर मिलन की मीठी घड़ियों का प्रवेश हो जाता है। कवि की चेतना आनन्द मदिरा के पान में ही लीन होकर मदमत्त हो जाती है। आँखें खुल जाती हैं तो पता चलता है कि उस रूप की मोहमाया केवल छलना थी। कवि का मानव विरहदग्ध हो जाता है। काव्य का शेष भाग विरह वर्णन से ओतप्रोत है। अपने विरह का मार्मिक वर्णन करके वह प्रिय के हृदय की पिघलाने का यत्न करता है। उसे आशा थी कि एक न एक दिन प्रिय का हृदय अपने प्रेमी पर पसीज जायेगा तथा वे दर्शन अवश्य देंगे। किन्तु उनकी आशा निराशा में बदल जाती है। उस वज्रादपि कठोर हृदयवाले प्रेमी पर उसका कोई असर नहीं पड़ता। अन्त में व्यापक दार्शनिक धरातल पर पहुँचकर आश्वासन पाने का वे यत्न करते हैं। वे अपने हृदय को अलौकिकता की पृष्ठभूमि पर ले चलते हैं तथा अपनी वेदना को भूलने तथा उसे लोकमंगलकारी रूप देने का प्रयत्न करते हैं। तभी तो उनका उद्गार है-

''सब का निचोड़ लेकर तुम
सुख से सूखे जीवन में
बरसो प्रभात हिमकन-सा
आँसू इस विश्व-सदन में ॥

आचार्य नन्ददुलारे वाजपेयी ने 'आँसू' काव्य को 'कवि के जीवन की वास्तविक प्रयोगशाला का आविष्कार' उद्घोषित किया है।

प्रसाद के इन लघु प्रबन्धकाव्यों - खण्डकाव्यों का वस्तुपरक विवेचन इस तथ्य को रेखांकित करता है कि इन काव्यकृतियों में प्रसाद की प्रतिभा का उत्तरोत्तर विकास होता आया है। वस्तुवर्णन की दृष्टि से क्रमशः स्थूल से सूक्ष्म की ओर प्रयाण - इतिवृत्तात्मकता से छायावाद की ओर प्रयाण - का सच्चा ख़ासा चित्र ये काव्य पेश करते हैं। इस दृष्टि से रचनाक्रम में थोड़ा उलटफेर अधिक समीचीन लगता है 'महाराणा का महत्त्व', फिर 'प्रेमपथिक' तथा तदुपरान्त आँसू इस क्रम में ही प्रसाद कृतियों का वस्तुगत विकास परिलक्षित होता है। 'महाराणा का महत्त्व' में स्थूल कथावस्तु की संयोजना हुई है। दोनों 'प्रेमपथिक' की कथावस्तु काल्पनिक प्रेमतत्त्व पर आधारित है। 'आँसू' में सूक्ष्म कथातन्त्रियों को कवि ने काव्यवस्तु बनाया है। 'महाराणा का महत्त्व' में महाराणा प्रताप के उदात्त चरित्र का उज्ज्वल अंकन हुआ है। ब्रजभाषा में विरचित 'प्रेमपथिक' में मूर्त चरित्रों का नितान्त अभाव है। किन्तु खड़ीबोली संस्करण में नायक-नायिका किशोर - चमेली के चरित्र का चित्रण हुआ है। 'आँसू' में तो पात्रों व चरित्रों की स्पष्ट रूपरेखा उपलब्ध नहीं होती। इस काव्य में नायक-नायिका के प्रस्तुतीकरण में वैयक्तिकता का इतना अधिक प्रभाव है कि पात्रों के साथ कवि का वैयक्तिक सरोकार प्रतीत होता है। स्पष्ट है प्रसाद काव्य में पात्र एवं उनका चरित्रांकन स्थूल से सूक्ष्म की ओर होता आया है। प्रकृति चित्रण, वातावरण चित्रण, रस संयोजन आदि की दृष्टि से भी प्रसाद के लघु प्रबन्धकाव्यों का अपना महत्त्व है।

प्रसाद के लघु प्रबन्धकाव्यों के शिल्पपक्ष का विश्लेषण करने पर इतिवृत्तात्मकता से छायावाद की ओर गतिशील हिन्दी कविता तथा एक प्रतिभावान् क्रान्तिकारी कवि का स्पष्ट दर्शन होता है। 'महाराणा का महत्त्व' का शिल्पपक्ष अन्य काव्यों की तुलना में साधारण कोटि का है। किन्तु नाटकीय शैली ने उस काव्य की सजीवता एवं सरसता प्रदान की है। 'प्रेमपथिक' तथा 'आँसू' की शैली में आख्यानात्मकता गौण रही है तथा भावप्रवणता ही मुख्य रही है। तीव्र भावाभिव्यक्ति के लिए गीतिशैली अधिक उपयुक्त रही और यही कारण है कि 'आँसू' में गीतिशैली का पुट दर्शनीय है। कला की दृष्टि से यह काव्यकृति अत्यन्त प्रौढ़ है। डॉ. प्रेमशंकर की राय में "जिस सीमित वातावरण में 'आँसू' ने कला की उत्कृष्टता की प्रस्तुत किया, उसका पूर्ण बहुमुखी विकास 'कामायनी' में आकर हुआ।"[6]

'आँसू' की शिल्पशैली वस्तुतः अनूठी है। कथा के अभाव का आरोप लगाकर कतिपय विद्वानों ने उसे गीतिकाव्य ठहराया है। अपने प्रथम संस्करण में यह काव्य मुक्तकों का संग्रह जैसा ही रहा और यही कारण है कि आचार्य रामचन्द्र शुक्ल जी ने लिखा है- "सारी पुस्तक का कोई समन्वित प्रभाव नहीं निष्पन्न होता है।"[7] किन्तु

'आँसू' के परिवर्द्धित संस्करण में कथा का नितान्त अभाव तो नहीं है। क्षीण कथातन्त्रियों पर यह प्रबन्धकाव्य प्रणीत हुआ है। इस अर्थ में 'आँसू' छायावादी शैली खण्डकाव्य का नवीन प्रयोग है। स्वयं कवि ने भी इस काव्य में कथा को स्वीकारा है। उनकी उक्ति है- "अवकाश भला है किसको सुनने को करुण कथाए।"[8] डॉ. भोलानाथ तिवारी जी की राय में- "आँसू में मुक्तक की पूर्णता और चुभन है किन्तु सम्मिलित रूप में 'आँसू' एक प्रबन्धकाव्य-सा है।"[9]

छन्द की दृष्टि से परखें तो 'महाराणा का महत्त्व' अतुकान्त अरिल्ल छन्द में विरचित हुआ है। खड़ीबोली 'प्रेमपथिक' अतुकान्त छन्दों में लिखा गया दो सौ सत्तर पंक्तियों का खण्डकाव्य है। ब्रजभाषा में विरचित 'प्रेमपथिक' अपेक्षाकृत लघु है जिसका छन्द-विधान स्वच्छन्द है। 'आँसू' काव्य आनन्द नामक छन्द में विरचित है जो आँसू छन्द नाम से पीछे विख्यात हो गया।

शिल्प सम्बन्धी अन्य बातों पर एक सरसरी निगाह डालने पर यह ज्ञात होना कि प्रसाद के चारों लघु प्रबन्धकाव्यों में मंगलाचरण का निर्वाह नहीं हुआ है। चारों में सीधे विषय की ओर प्रवेश हुआ है। ये चारों काव्य सर्गबद्ध भी नहीं हैं। अलंकारों की कमनीय योजना में प्रसाद जी को खूब सफलता मिली है। उनके लघु प्रबन्धकाव्य कलासौष्ठव की दृष्टि से सर्वथा प्रौढ़ हैं। शान्तिप्रिय द्विवेदी जी का कथन कि "छायावाद खड़ीबोली का कलायुग है।"[10] इन काव्यों पर खरा उतरता है।

वस्तु तथा शिल्प की समन्वित दृष्टि से विचार करने पर यह स्पष्ट परिलक्षित होता कि 'महाराणा का महत्त्व', 'प्रेमपथिक' (ब्रजभाषा), 'प्रेमपथिक' (खड़ीबोली), तथा 'आँसू' काव्यों में प्रसाद जी की प्रतिभा का क्रमिक विकास हुआ है। 'महाराणा का महत्त्व' के रचयिता से कामायनीकार प्रसाद अनुभूति एवं अभिव्यक्ति दोनों पक्षों में बहुत दूर आगे बढ़े हैं तथा 'आँसू' काव्य ने कामायनीकार प्रसाद को तैयार करने में महत्त्वपूर्ण भूमिका अदा की है।

सन्दर्भ

1. प्रेमपथिक - खड़ीबोली सं. 1970, भूमिका
2. आधुनिक साहित्य और साहित्यकार - गणपतिचन्द्र गुप्त, पृ. 46
3. आधुनिक हिन्दी कविता - विश्वनाथ प्रसाद तिवारी, पृ. 10
4. कवि प्रसाद, आँसू तथा अन्य कृतियाँ - विनय मोहन शर्मा, पृ. 76-77
5. प्रसाद की कविता - डॉ. भोलानाथ तिवारी, पृ. 80
6. प्रसाद का काव्य - डॉ. प्रेमशंकर, सं. 1970, पृ. 177
7. हिन्दी साहित्य का विकास - पं. रामचन्द्र शुक्ल, सं. 2035
8. आँसू - प्रसाद
9. प्रसाद की कविता - डॉ. भोलानाथ तिवारी, पृ. 84
10. ज्योति विहग - शान्तिप्रिय द्विवेदी, पृ. 19

हिन्दी साहित्य की अमर विभूति : महादेवी वर्मा

आधुनिक हिन्दी साहित्य क्षेत्र में छायावादी-रहस्यवादी कवयित्री के रूप में तथा सशक्त गद्य लेखिका के रूप में श्रीमती महादेवी वर्मा विशेष यश की अधिकारिणी बनी हैं। अध्यापिका, सम्पादिका, समाजसेविका चित्रकर्त्री आदि रूपों में भी उनकी मान्यता है। साहित्य एवं कला क्षेत्र की इस अमर विभूति के सम्बन्ध में महाप्राण निराला ने गाया है-

"हिन्दी के विशाल मन्दिर की वीणा पाणी।
स्फूर्ति चेतना रचना की प्रतिमा कल्याणी ॥"

संक्षिप्त जीवनवृत्त

महादेवी का जन्म उत्तर प्रदेश के फर्रुखाबाद में 26 मार्च, 1907 को होली के दिन हुआ था। इनके पिता का नाम श्री गोविन्दप्रसाद वर्मा था तथा माता का नाम श्रीमती हेमरानी देवी है। कुलदेवी दुर्गा के विशेष अनुग्रह से प्राप्त कन्या को दादा ने महादेवी नाम रख दिया। माँ-बाप दोनों को ही गाने का बड़ा शौक था तथा माँ घर पर ही मीराँ तथा अन्य भक्तकवियों का भजन गाया करती थीं। यों अनजाने ही अपनी माता से महादेवी को भक्ति, काव्य और संगीत के संस्कार प्राप्त हुए। उनकी प्रारम्भिक शिक्षा इन्दौर में हुई। फिर कुछ काल तक उन्होंने भागलपुर में अध्ययन किया, जहाँ की पाठशाला में उनके पिता प्रधानाध्यापक थे। छोटी आयु में ही उन्होंने संस्कृत, हिन्दी और उर्दू का अध्ययन किया। बचपन से ही वे कविता लिखती थीं, समस्यपूर्तियाँ कर लेती थीं तथा चित्र भी खींच लेती थीं।

परम्परा के अनुकूल नौ वर्ष की छोटी आयु में उनका विवाह स्कूली छात्र स्वरूपनारायण वर्मा से सम्पन्न हुआ। ससुराल की ओर बालिका की विदाई हुई। बाद की घटनाओं का श्री गंगाप्रसाद पाण्डेय जी ने यों उल्लेख किया है- "ससुराल पहुँचकर महादेवी जी ने जो उत्पात मचाया उसे ससुरालवाले ही जानते हैं। न खाना, न पीना, न बोलना, न सुनना- केवल रोना-रोना बस रोना। आँखें सूज गयीं, ज्वर आ गया और कै का ताँता बँध गया। नयी बालिका बहू के स्वागत-समारोह का

उत्साह पीछे पड़ गया और घर में एक आतंक छा गया। फलतः श्वसुर महोदय दूसरे महादेवी संस्मरण ग्रन्थ, पृ. 16 दिन ही इन्हें वापस लौटा गये।"

महादेवी के श्वसुर पुरानी विचारधारा के व्यक्ति थे, लड़कियों को शिक्षा देने के पक्ष में नहीं थे। अतः कुछ दिनों के लिए महादेवी का अध्ययन स्थगित हो गया। किन्तु कुछ ही दिनों में श्वसुर का देहान्त हुआ तो महादेवी प्रयाग से मिडिल परीक्षा में सम्मिलित होकर प्रान्त भर में सर्वप्रथम उत्तीर्ण हो गयीं। 1924 में मैट्रिक परीक्षा भी आपने प्रथम श्रेणी में पास की।

वैवाहिक जीवन से विमुख तथा अध्ययन कार्यों में उन्तुख अपनी बेटी के रूख देखकर महादेवी के पिता ने अपनी करनी पर पश्चात्ताप तप्त हुए। आपने अपने दामाद को अपने पास बुलाया और लखनऊ मेडिकल कॉलेज में बोर्डिंग में भर्ती कराया, जहाँ से आपने डॉक्टरी की उपाधि प्राप्त की। महादेवी को भी पिता जी ने क्रास्थवेट कॉलेज के छात्रावास में भेज दिया। वहाँ से उन्होंने संस्कृत और दर्शन लेकर बी.ए. परीक्षा पास की।

बी.ए. पास होने पर गौने का सवाल उठा तो महादेवी ने इस प्रस्ताव को अस्वीकार किया। यही नहीं उन्होंने खुल्लमखुल्ला बता दिया कि वे वैवाहिक जीवन में उलझना कभी भी नहीं चाहतीं। तब से इस प्रसंग की इति हो गयी। डॉ. स्वरूपनारायण वर्मा बार-बार महादेवी से मिलने आये, किन्तु महादेवी अपने निर्णय पर अटल रहीं। डॉ. वर्मा ने भी आजीवन अविवाहित रहने की ठान ली।

वैवाहिक जीवन में यद्यपि महादेवी जी बँध नहीं गयीं, किन्तु उनका जीवन तन्हाई का कभी भी नहीं रहा। उनके विशाल परिवार में साहित्यिकों, असाहित्यिकों के साथ-साथ पशु-पक्षियों और पेड़-पौधों का भी विशिष्ट स्थान था। इनके पालन-पोषण में महादेवी जी को अजीब आनन्द का अहसास मिलता था। 1932 में प्रयाग विश्वविद्यालय से आपने संस्कृत में एम.ए. पास किया। तदनन्तर आपने अपनी इच्छा के अनुकूल प्रयाग महिला विद्यापीठ की प्रधानाचार्या का कार्यभार सँभाला। 'चाँद' पत्रिका का निःशुल्क सम्पादन भी करने लगीं। साथ-साथ साहित्य-सृजन भी चलता रहा।

1944 में साहित्य एवं साहित्यकारों को प्रेरणा, प्रोत्साहन एवं संरक्षण देने के उद्‌देश्य से आपने प्रयाग में 'साहित्यकार-संसद्' की स्थापना की। 1956 में आपको भारत सरकार ने 'पद्मविभूषण' की उपाधि से विभूषित किया। वे उत्तर प्रदेश की विधान परिषद् की सदस्या भी रहीं। 1982 में 'यामा' पर आपको भारत का सर्वोच्च साहित्यिक पुरस्कार-ज्ञानपीठ भी मिल गया। 1983 में आपको 'भारत-भारती' पुरस्कार में भी प्राप्त हुआ। साहित्य पर असीम आस्था रखनेवाली इस कृति कला ने 'ज्ञानपीठ' तथा 'भारत-भारती' पुरस्कारों प्राप्त क्रमशः डेढ़ लाख तथा लाख रुपयों

की राशि 'साहित्यकार-संसद' की श्रीवृद्धि हेतु खर्च करके साहित्य-जगत् के सम्मुख एक उच्च आदर्श उपस्थित करने का शलाघनीय कार्य भी किया है। वे अपने प्रिय अध्यापन, समाज-सेवा, पशु-पक्षी-पालन, साहित्य-सृजन, चित्र-रचना आदि शौकों में लग रहीं थी कि कुछ दिनों से उनकी तन्दुरुस्ती बिगड़ गयी और 11 सितम्बर, 1987 को इलाहाबाद में उनका देहान्त हो गया।

महादेवी की कृतियाँ

काव्य कृतियाँ-

1. नीहार
2. रश्मि
3. नीरजा
4. सान्ध्यगीत
5. दीपशिखा
6. यामा (प्रथम चार ग्रन्थों का सचित्र संग्रह)
7. सन्धिनी
8. सप्तपर्णा (संस्कृत-काव्यों के मार्मिक अंशों का अनुवाद)
9. हिमालय (विभिन्न कवियों द्वारा 'हिमालय' पर लिखित कविताओं तथा उद्बोधनात्मक कविताओं का संकलन)

गद्य कृतियाँ

रेखाचित्र - अतीत के चलचित्र, स्मृति की रेखाएँ

संस्मरण - पथ के साथी

निबन्ध - शृंखला की कड़ियाँ, क्षणदा, विवेचनात्मक गद्य, साहित्यकार की आस्था तथा अन्य निबन्ध, संकल्पिता।

विशेष पुरस्कार

'नीरजा' पर सेक्सरिया पुरस्कार, 'स्मृति की रेखाएँ' पर द्विवेदी पदक, 'यामा' पर मंगलाप्रसाद पुरस्कार, ज्ञानपीठ पुरस्कार, भारत-भारती पुरस्कार आदि।

महादेवी की सृजन-यात्रा

महादेवी जी की सृजन-यात्रा का शुभारम्भ समस्यापूर्तियों, छोटी-छोटी कविताओं व लघु निबन्धों के रूप में बचपन से ही हुआ था। 'चाँद प्रत्रिका ने उनकी काव्यप्रतिभा को प्रस्फुटित होने का सुअवसर प्रदान किया। सन् 1930 में उनकी सर्वप्रथम और प्रौढ़ काव्यकृति 'नीहार' प्रकाश में आयी। 'नीहार' के बाद 'रश्मि' , 'नीरजा' तथा 'सान्ध्यगीत' काव्यसंग्रह प्रकाश में आये। इन चारों कृतियों के सचित्र संग्रह के रूप में 'यामा' निकली। स्वयं कवयित्री के शब्दों में 'यामा' उनके अन्तर्जगत् के चारों यामों का छायाचित्र है। 'दीपशिखा' ने महादेवी के कवि तथा चित्रकार दोनों रूपों की अवतरणा की।

वेदना और करुणा की कवयित्री के रूप में महादेवी जी की मान्यता है। करुणा का शत-शत स्वरों में शृंगार करने में कवयित्री ने कोई कसर नहीं उठा रखी है। उनके गीत अश्रुकण सिक्त हैं। "मैं नीर भरी दुःख की बदली" मानों उनके गीतों का प्राणस्वर है। वेदना को विशेष आस्था एवं आत्मीयता के साथ कवयित्री ने स्वीकारा है। वेदना सचमुच कवयित्री को बेहद पसन्द है। उनकी राय में एक बूँद आँसू का महत्त्व सहस्त्रों सुखों से बढ़कर है। कवयित्री के शब्दों में "हमारे असंख्य सुख हमें चाहे मनुष्यता की पहली सीढ़ी तक भी न पहुँचा सकें, किन्तु हमारा एक बूँद आँसू भी जीवन को अधि िक मधुर, अधिक उर्वर बनाये बिना गिर नहीं सकता। मनुष्य सुख को अकेले भोगना चाहता है, परन्तु दुःख को बाँटकर - विश्वजीवन में अपने जीवन को, विश्ववेदना में अपनी वेदना को इस प्रकार मिला देना जिस प्रकार एक जलबिन्दु समुद्र में मिल जाता है, कवि का मोक्ष है।" यामा महादेवी वर्मा, पृ. 12.

बौद्ध दर्शन के दुःखवाद का प्रभाव महादेवी के गीतों में प्रकट है। यह भी ध यातत्व है कि बचपन में महादेवी बुद्धभिक्षुणी बनने की तमन्ना रखती थीं। महात्मा गाँधी जी के प्रेरणा से ही उन्होंने बाद में समाजसेवा के पक्ष को ग्रहण किया था। महादेवी का दुःखवद बौद्धदर्शन के दुःखवाद से अवश्य ही भिन्न है। कवयित्री के जीवन में दुःख घुल-मिलकर एकाकार हो गया है। उसे किसी भी प्रकार से अलग करना चाहती ही नहीं थी। जैसे कि उन्होंने स्वयं गाया है-

"पीड़ा मेरे मानस में
भीगे पट-सी लिपटी है।"

किन्तु बौद्ध दर्शन दुःख के मूलकारणों की खोज कर उसे दूर करने का प्रयत्न करता है। महादेवी के दुःखवाद तथा बौद्धदर्शन के दुःखवाद की मूल चेतना में यह अन्तर भी दृष्टिगत होता है कि जहाँ महादेवी पूर्णतया आस्तिक हैं, वहाँ बुद्धवाद की मूल चेतना नास्तिक है।

महादेवी के गीतों में अभिव्यक्त अतिशय वेदना के पुट पर कई आलोचकों ने प्रश्नचिह्न उठाये हैं। महादेवी ने उसका समाधान यही प्रस्तुत किया कि अपने जीवन में मिले अतिशय सुख की यह प्रतिक्रिया है। प्रतिक्रियावादी आलोचकों ने इस बात पर शंका भी प्रकट की है।

महादेवी की कविता का विकास रहस्यवादी परिप्रेक्ष्य में हुआ है। रहस्यवाद के प्रारम्भिक तत्त्व कुतूहल से लेकर प्रियमिलन तथा आत्मसमर्पण तक की विविध दशाओं का प्रस्तुतीकरण उनकी कविताओं में हुआ है। प्रेम और वेदना पर ही उनका रहस्यवाद आधारित है। पीड़ा में ही प्रियतम को ढूँढ़नेवाली कवयित्री का कथ्य है-

"तुमको पीड़ा में ढूँढा।
तुम में ढूँढूँगी पीड़ा॥"

प्रकृति महादेवी की चिरसंगिनी रही है। प्रकृति को चेतन तत्त्व के रूप में ग्रहण करते हुए आपने उससे अपना तादात्म्य स्थापित किया है तथा अनेक रूपों में उसका चित्रण भी किया है।

महादेवी की कविता का विषयक्षेत्र सीमित है। स्वानुभूतिमूलक होने के कारण गीतिकाव्य में विषय-विस्तार की अधिक गुंजाइश रहती ही नहीं, उसमें भी महादेवी जी के गीतों में आत्मनिष्ठता तो अपनी पराकाष्ठा पर स्थित है। महादेवी जी के गीतों से गुजरते हुए एक बात स्पष्ट दृष्टिगोचर होती है कि वे अथ से इति तक एकरस हैं, चाहे यह महादेवी जी के कवित्व की शक्ति हो अथवा सीमा।

महादेवी के गीत वस्तुतः उत्कृष्ट कोटि के हैं। आधुनिक हिन्दी की सफल गीतिकार के रूप में महादेवी का मूल्यांकन करते हुए आचार्य शुक्ल ने लिखा है- ''गीत लिखने में जैसी सफलता महादेवी जी को हुई, वैसी और किसी को नहीं। न तो भाषा का ऐसा स्निग्ध और प्रांजल प्रवाह और कहीं मिलता है, न हृदय की ऐसी भावभंगी।''[1]

हिन्दी साहित्य का इतिहास साक्षी है कि हिन्दी कवयित्रियों में मध्यकाल की मीराँबाई के पश्चात् इतनी बहुमुखी प्रतिभा को लेकर अकेली महादेवी ही अवतरित हुई हैं।

महादेवी जी की गद्य रचनाओं से होकर गुजरे बगैर उनकी सृजनयात्रा का अध ययन अधूरा ही रह जायगा। महादेवी का कविरूप जितना प्रखर है उतना ही प्रौढ़ उनका गद्यकार रूप भी है। अपने गद्य-लेखन के सम्बन्ध में महादेवी जी ने साफ बताया है कि ''विचार के क्षणों में मुझे गद्य लिखना ही अच्छा लगता रहा है, क्योंकि उसमें अपनी अनुभूति ही नहीं, बाह्य परिस्थितियों के विश्लेषण के लिए भी पर्याप्त अवकाश रहता है।''[2]

'श्रृंखला की कड़ियाँ' आपके नारी-विषयक निबन्धों का संग्रह है। 'चाँद' की सम्पादिका की हैसियत से महादेवी ने नारी-जीवन की विविध समस्याओं पर समय-समय पर जो सम्पादकीय टिप्पणियाँ लिखी थीं, वे ही 'श्रृंखला की कड़ियाँ' में संग्रहीत हैं। सामाजिक अत्याचारों के प्रति लेखिका का कटु विद्रोह इन निबन्धों में मुखर है। 'अतीत के चलचित्र' और 'स्मृति की रेखाएँ' महादेवी जी के रेखाचित्र हैं जिनमें आपने महान् व्यक्तियों की रेखाएँ न खींचकर, समाज की असहाय एवं निःसहाय स्त्री-पुरुषों की मर्मस्पर्शी रेखाएँ अंकित की हैं। 'पथ के साथी' में महादेवी ने समकालीन कवियों के व्यक्तित्व और कृतित्व को अपनी स्मृतियों के रूप-रंग में उभारा है। कवीन्द्र रवीन्द्र, मैथिलीशरण गुप्त, सियारामशरण गुप्त, सुभद्राकुमारी चौहान, प्रसाद, पन्त, निराला जैसे अपने समकालीन कवियों पर सहयात्री महादेवी

द्वारा प्रस्तुत ये संस्मरण महज महादेवी जी की महती उपलब्धि न होकर, हिन्दी संस्मरण साहित्य की अनूठी उपलब्धि हैं।

कविता में अन्तर्मुखी महादेवी ने अपने निबन्धों व रेखाचित्रों में समाज के चतुर्दिक् जीवन के सजीव चित्र उतारे हैं।

महादेवी के आलोचनात्मक निबन्ध भी अपने ढंग के अनूठे हैं। अपने काव्यग्रन्थों की भूमिकाओं के रूप में आपने जो आलोचनात्मक अध्ययन प्रस्तुत किये हैं उनमें एक ओर आपने छायावाद, रहस्यवाद जैसी युगीन साहित्यिक प्रवृत्तियों का विश्लेषण किया है तो दूसरी ओर काव्य तथा साहित्य विषयक अपने सुचिन्तित मन्तव्य भी दिये हैं।

महादेवी की गद्यरचनाओं में उनकी सामाजिकता, जो उनकी कविता में मौन है, खूब खिलखुलकर खेलती नज़र आती है। महादेवी की 'नीहार' जैसी काव्यकृतियों व 'शृंखला की कड़ियाँ' जैसी गद्यरचनाओं से गुजरनेवाले पाठक उन दोनों में अभिव्यंजित एक ही व्यक्ति के दो सधे हुए अनुभूति-स्तर देखकर अचम्भे में पड़ जायेंगे। वस्तुतः महादेवी के अन्तर्मुखी व्यक्तित्व का प्रतिस्फुरण उनका काव्य है तो उनके बहिर्मुखी व्यक्तित्व का प्रतिस्फुरण ही उनका गद्य है जो उनके विशाल मानवतावादी दृष्टिकोण का परिचायक है। ये दोनों परस्पर विरोधी प्रवृत्तियाँ न होकर एक-दूसरे की पूरक हैं और इनके सामंजस्य में महादेवी की कला की पूर्णता है।

गद्यकर्त्री के अतिरिक्त महादेवी जी की अध्यापिका, समाजसेविका, चित्रकर्त्री, अनुवादिका आदि रूप भी विशेष महत्त्व के हैं। व्यष्टि एवं समष्टि के लिए हितकारी कार्यों का अनुष्ठान करके महादेवी जी ने अपने जीवन को तथा लोकजीवन को धन्य-धन्य किया है। आपके जीवन भर की साधना सफल हो गयी।

महादेवी जी जैसी अमर विभूति मात्र हिन्दी क्षेत्र की उपलब्धि नहीं रहे, समूचे राष्ट्र की उपलब्धि रहे, गौरव-चिह्न रहे, यही हमारी कामना है। यह कामना तभी कामयाब हो जायेगी जब विभिन्न भारतीय भाषाभाषियों के लिए उनका नाम सुपरिचित हो जायगा तथा उनकी कृतियों का अनुवाद विभिन्न भारतीय भाषाओं में निकलेगा। महादेवी जी के प्रति हमारी श्रद्धांजलि सच्चे दिल की तभी होगी, जबकि हिन्दीतर भाषी हिन्दी विद्वान् महादेवी की कृतियों को आत्मसात् करके, उनको अनुवाद तथा परिचयात्मक-आलोचनात्मक अध्ययनों के जरिये अन्य भाषाभाषियों तक पहुँचायें।

सन्दर्भ

1. हिन्दी साहित्य का इतिहास : रामचन्द्र शुक्ल, पृ. 338

2. शृंखला की कड़ियाँ (भूमिका) 'अपनी बात'

रामधारी सिंह 'दिनकर' की कविता में राष्ट्रीय चेतना

रामधारी सिंह 'दिनकर' के कवि व्यक्तित्व का सर्वाधिक उभरकर आनेवाला पक्ष वस्तुतः उनके राष्ट्रीय-सांस्कृतिक चेतना-संवाहक का है। हिन्दी के छायावादी और छायावादोत्तर काव्य युग में मूल स्वर से भिन्न स्वर को मुखरित कर आपने अपनी एक अलग और अनोखी पहचान बनायी। हिन्दी काव्य क्षेत्र में जब छायावाद का दौर रहा तब दिनकर ने अपनी काव्य-यात्रा शुरू की थी। तत्कालीन मूलस्वर से यत्किंचित् प्रभावित रहने के बावजूद भी उस मूल धारा में उनकी काव्य प्रतिभा पूर्णतया डूब नहीं गयी थी, तत्कालीन युगधर्म को वाणी देने में ही उन्होंने अपनी प्रतिभा का प्रदर्शन किया था। अपने युग की सामाजिक राजनीतिक परिस्थितियों को उन्होंने अपना काव्य विषय बनाया।

छायावाद काव्य युग में राष्ट्रीयता का शंखनाद बुलन्द करके तत्कालीन भारतीय जनता को नवजागरण की ओर अग्रसर करने का प्रयास अपनी कविता के द्वारा उन्होंने किया। यही कारण है कि दिनकर की कविता ने राष्ट्रीयता के एक विलक्षण आयाम के संस्पर्श द्वारा हिन्दी की आधुनिक काव्यधारा को ही एक नूतन आयाम प्रदान किया। वे 'युगचारण' या 'राष्ट्रकवि' भी कहलाये।

वैसे तो राष्ट्रीयता का आयाम दिनकर की कविता में ही प्रथमतः प्रस्फुटित नहीं हुआ है। हिन्दी साहित्य के आधुनिक युग का मूल स्वर ही नवजागरण और राष्ट्रीय चेतना का रहा। आधुनिक हिन्दी साहित्य के जन्मदाता भारतेन्दु की कविता राष्ट्रीयता से अवश्य ही मुखरित रही। भारतीय पराधीनता की यातना का एहसास एवं उससे मुक्ति पाने का प्रयास ही उस युग में उभरी राष्ट्रीयता के मुख्य तत्त्व थे। तत्कालीन भारत की दुर्दशा पर आँसू बहाते हुए भारतेन्दु ने कहा-

"आवहु सब मिलि, रोवहु भारत भाई
हा!हा! भारत-दुर्दशा न देखी जाई।"

ब्रिटिश राज की शोषण-नीति के विरुद्ध भी उन्होंने वाणी उठायी-

"अंग्रेज राज सुख साज सजे सब भारी।
पै धन विदेश चलि जात यहै अति ख्वारी... ।"

देश के प्रति प्रेम और भक्ति ही भारतेन्दु की राष्ट्रीयता की मुख्य मुद्रा रही। समाज सुधार की भावना भी उनके काव्य में लक्षित होती है।

द्विवेदी-युग में राष्ट्रीय काव्यधारा और बलवती हो उठी। द्विवेदीयुगीन कवियों ने देश की वर्तमान दशा पर अधिक ध्यान दिया और देशवासियों को देश की उन्नति की ओर प्रयत्नशील होने का आह्वान किया। देशभक्ति की भावना ने राजनीतिक चेतना को और प्रश्रय दिया। गुप्त जी की 'भारत-भारती', भारतीय जनता के कण्ठ की भारती बनी। द्विवेदी-युग के अनन्तर हिन्दी काव्यक्षेत्र ने इतिवृत्तात्मकता के बजाय अनुभूति को महत्त्व दिया तथा काव्यक्षेत्र में छायावाद का दौर आया। छायावादी कवियों का रचना-संसार ही अपने आप में विलक्षण रहा। प्रसाद, पन्त, निराला और महादेवी- छायावाद के ये चतुष्टय छायावाद के विशिष्ट राग अलापते रहे; तो इसके समानान्तर राष्ट्रीय-सांस्कृतिक स्वर को मुखरित करनेवाले कवियों में माखनलाल चतुर्वेदी, बालकृष्ण शर्मा 'नवीन', सुभद्राकुमारी चौहान, रामधारी सिंह 'दिनकर' आदि प्रमुख रहे। छायावाद का छायावादोत्तर वैयक्तिक कविता की कुण्ठा, अतिरिक्त अवसाद, निराशा आदि भावों से इन कवियों की कविताएँ अछूती ही रहीं। दिनकर की प्रारम्भिक कविताओं पर वैयक्तिक अनुभूतियों- विशेषकर प्रेम और सौन्दर्य का प्रभाव अवश्य पड़ा है। किन्तु उनकी सबसे बड़ी विशेषता है अपने देश और युग सत्य के प्रति जागरूकता।

ध्यान देने की बात यह भी है कि वामपन्थी दलों के उदय, समाजवादी सिद्धान्तों के प्रचार आदि के कारण छायावादी कविता का रूप-रंग बदलता गया। छायावादी कवि धीरे-धीरे प्रगतिवाद की ओर मुड़े। प्रगतिशील विचारधारा ने राष्ट्रीयता की चेतना को उभारनेवाले कवियों को नयी प्रेरणा एवं नया जोश दिया। प्रगतिवाद के प्रभाव से देश के भीतर बनते हुए शोषकों और शोषितों के वर्गों की पहचान होने लगी। अब तो संघर्ष केवल अंग्रेजी सत्ता के प्रति नहीं रह गया बल्कि सामन्ती, महाजनी सभ्यता और उनके प्रतिनिधि शोषकों के प्रति भी होने लगा। राष्ट्रीयता का यह नया स्वर दिनकर की कविता में ही अधिक उभरकर आया। प्रगतिवाद ने भारतीय राष्ट्रीयता को एक नया आयाम दिया, एक नयी दिशा दी, जनजीवन से उसे सम्पृक्त भी किया।

इस प्रसंग में यह मुद्दा सहज ही उभरकर आता है कि 'छायावाद के दौरान काव्यक्षेत्र में उतर आये दिनकर जी उसके मूल स्वर से पृथक् स्वर कैसे बुलन्द कर सके। तत्कालीन परिवेश से बेहद जुड़े उनके व्यक्तित्व का विचिन्तन इस सन्दर्भ

में वांछनीय है।

दिनकर का जन्म बिहार प्रान्त के सिमरिया गाँव के एक 'किसान परिवार' में सन् 1908 में हुआ। पिता का नाम रवि सिंह, माता का नाम मनरूप देवी। दो वर्ष की आयु में उनके पिता जी का देहान्त हुआ था। पिता जी के नाम के कारण उन्होंने अपना उपनाम 'दिनकर' रखा था। उनकी प्राथमिक शिक्षा गाँव में हुई। असहयोग आन्दोलन छिड़ जाने के उपरान्त वे पड़ोसी गाँव (बारो) की राष्ट्रीय पाठशाला में जाने लगे। यह राष्ट्रीय पाठशाला वस्तुतः राष्ट्रीयता का अड्डा थी। पाठशाला के छात्र की हैसियत से दिनकर सार्वजनिक सभाओं में 'वन्दे मातरम्' गाने के लिए जाते थे। उनका स्वर मधुर और ओजपूर्ण था। फिर उन्होंने सरकारी स्कूल से मिडिल परीक्षा पास की। राष्ट्रीय पाठशाला के अध्ययन ने उनके व्यक्तित्व के निर्माण में बड़ा योग दिया। मैट्रिक पास होने के उपरान्त पटना विश्वविद्यालय से इतिहास में बी.ए. ऑनर्स उत्तीर्ण हुए। 'इतिहास बोध', जो उनके काव्य में यत्र-तत्र विद्यमान है, के मूल में इतिहास विद्यार्थी की सजगता ही दृष्टिगत होती है। विद्यार्थी जीवनकाल से ही वे 'युवक' नामक पत्रिका में जोशभरी कविताएँ लिखते थे।

बी.ए. पास होने पर नौकरी की तलाश करने लगे। एक स्कूल में हेडमास्टरी मिल गयी। उसके बाद वे सब-रजिस्ट्रार का काम करने लगे। साहित्यिक कार्य के कारण अंग्रेजी सरकार के रोष का पात्र बना रहा। बार-बार तबादला भी हुआ। राजनीतिक-राष्ट्रीय कविताओं के कारण वे सरकार की दृष्टि में विद्रोही ठहरे। द्वितीय महायुद्ध के आरम्भ के दौरान सरकार के जनसम्पर्क विभाग में उन्हें काम करना पड़ा। एक ओर सरकार के प्रचार विभाग में नौकरी तथा दूसरी ओर जनजागरण के गीतों की रचना व गायन। सचमुच उस दौरान उन्हें भारी मानसिक द्वन्द्व सहना पड़ा। किन्तु आजीविका चलाने के लिए नौकरी करना उनके लिए अत्यन्त आवश्यक था। अतः वे नौकरी छोड़ न सके।

1950 से वे मुज़फ्फरपुर कॉलेज में हिन्दी विभाग के अध्यक्ष हो गये। 1952-64 तक वे राज्यसभा के मनोनीत सदस्य रहे। कुछ समय तक भागलपुर विश्वविद्यालय के उपकुलपति भी रहे। फिर भारत सरकार के हिन्दी सलाहकार भी रहे। सन् 1974 में उनका देहान्त हुआ।

आत्मविश्वास, आशावाद, कर्मठता आदि उनके व्यक्तित्व के अभिन्न अंग थे। सामाजिक चेतना उनमें कूट-कूटकर भरी थी। वे स्वयं कहा करते थे- Socialist ही हूँ लेकिन कुछ ज़रा अधिक देशी हूँ।" 'रेणुका', 'हुकार', 'रसवन्ती', 'द्वन्द्व गीत', 'कुरुक्षेत्र', 'सामधेनी', 'बापू', 'धूप और धुआँ', 'रश्मिरथी', 'नील कुसुम', 'उर्वशी', 'परशुराम की प्रतीक्षा' आदि आपकी काव्यरचनाएँ हैं।

दिनकर राष्ट्रीय भावनाओं के ओजस्वी गायक हैं। वे गा उठते हैं-

''जाग रहे हम वीर जवान
जियो जियो अय हिन्दुस्तान
तन मन धन तुम पर कुर्बान
जियो जियो अय हिन्दुस्तान
हम हैं वीरों की सन्तान
जियो जियो अय हिन्दुस्तान।''

अब तक की राष्ट्रीय धारा से भिन्न क्रान्ति का स्वर दिनकर की कविता में गूँज उठा। प्रथम काव्य-संकलन 'रेणुका' की कविताओं में कहीं अतीत की गौरव गाथा है तो कहीं युगीन परिस्थितियों का चित्रण है। कहीं क्रान्ति और विद्रोह के स्वर भी हैं। कतिपय कविताएँ उनकी वैयक्तिक अनुभूतियों से अनुप्राणित भी हैं। इस प्रथम रचना में कवि के वैचारिक द्वन्द्व नजर आते हैं। कहीं उनकी रूमानी भावनाएँ हैं तो कहीं क्रान्तिकारी राष्ट्रीय विचार अभिव्यक्त हैं। 'ताण्डव' 'रेणुका' की प्रथम कविता है- नटवर शिवशंकर से वे प्रलय वाहक ताण्डव करने की प्रार्थना करते हैं जिससे सृष्टि भस्म हो जाय और फिर से 'सत्यम्, शिवम्, सुन्दरम्' की सृष्टि हो।

'रेणुका' दिनकर के ओजस्वी व्यक्तित्व की पहली चिनगारी है, यह चिनगारी आगे चलकर ज्वाला बन भभक उठती है।

'हुंकार' दिनकर का अगला संग्रह है। इस संग्रह तक आते-आते कवि की विचारधारा में द्विधा भाव मिट जाता है तथा निश्चिन्तता आ जाती है। 'हुकांर' में ही उनकी राष्ट्रीय चेतना का स्पष्ट रूप निखर आता है। इसी रचना के साथ वे युग के चारण के रूप में नजर आते हैं। इस संग्रह की कविताओं में भारत की कोटि-कोटि जन की दीन-हीन दशा पराधीनता, विदेशी शासन की नृशंसता आदि का खुल्लमखुल्ला चित्रण मिलता है। इन कविताओं के कारण ही उन्हें राष्ट्रीय कवि की प्रतिष्ठा मिली है।

दिनकर की कविता में प्रकट क्रान्तिकारी रूप विशेष उल्लेख योग्य है। गाँधी जी की अहिंसा नीति के विरुद्ध उन्होंने अपनी कविता में वाणी बुलन्द की है। माना जाता है कि दिनकर की राष्ट्रीयता गाँधीयुग की विद्रोही राष्ट्रीयता है। हिमालय को सम्बोधित करके कवि कह उठते हैं-

''लो अँगड़ाई उठ, हिले धरा।
कर निज विराट स्वर में निनाद।
तू शैलराट्! हुंकार भरे
फट जाय कुहा, भागे प्रमाद।
तू मौन त्याग, कर सिंहनाद

रे तपी, आज तप का न काल,
नव युग शंख ध्वनि जगा रही
तू जाग, जाग मेरे विशाल।''

'हुंकार' में कवि ने स्वयं अपने को ज्वलित सौरमण्डल का ज्योलिर्धर कवि माना है-

''ज्योतिनिर्धर कवि मैं ज्वलित सौरमण्डल का
मेरा शिखण्ड अरुणाभ, किरीट अनल का।''

'सामधेनी' में भी भारत की तत्कालीन सामाजिक, राजनीतिक परिवेशों का ज्वलन्त अंकन हुआ है। धार्मिक संघर्षों को देख कवि-मानस झुलस उठता है, तभी तो वे कह उठते हैं-

''जलते हैं हिन्दू-मुसलमान
भारत की आँखें जलती हैं
आनेवाली आज़ादी की
लो, दोनों पाँखें जलती हैं।''

'कुरुक्षेत्र' में दिनकर जी ने द्वितीय महायुद्ध की पृष्ठभूमि में युद्ध और शान्ति की सनातन समस्या पर अपने विचार व्यक्त किये हैं।

बापू का स्वतन्त्र्योत्तर युग में विरचित काव्य है जिसमें दिनकर जी की राष्ट्रीयता एक नये मोड़ को प्राप्त करती है। स्वतन्त्र्योपलब्धि पर, पराधीनता सम्बन्धी विचारधाराओं की प्रासंगिकता नहीं रह गयी, तब तो देशीय एकता और स्वतन्त्रता के लिए हानिकारक कई समस्याएँ और चुनौतियाँ सिर उठायीं। कवि उनकी अभिव्यक्ति की ओर मुड़े। 'बापू' इस दौरान विरचित काव्य है जिसमें बापू की 'नोआखाली यात्रा और निर्वाण का चित्रण हुआ है। कवि के शब्दों में यह काव्य 'विराट के चरणों में वामन का दिया हुआ क्षुद्र उपहार' है। 'रश्मिरथी', 'नील कुसुम', 'उर्वशी' और 'परशुराम की प्रतीक्षा' स्वातन्त्र्योत्तरकालीन काव्योपलब्धियाँ हैं।

प्रयोगवादी युग में विरचित 'नील कुसुम' की कविताओं में भारत की राजनीति के विविध पक्षों को उभारा गया है। 'जनतन्त्र का जन्म' शीर्षक कविता जो छब्बीस जनवरी पच्चास को भारत के गणतन्त्र के अवसर पर विरचित हुई इसकी प्रसिद्ध पक्ति है-

''सिंहासन खाली करो कि जनता आती है।''

जनतन्त्र जनता का शासन है, भारत के कोटि-कोटि जन उसके अधिकारी हैं। इस जनतन्त्र में फावड़े और हल ही राजदण्ड बनने को हैं।

'रश्मिरथी' की रचना के पीछे उपेक्षितों व दलितों के उद्धार की भावना है।

दिनकर ने 'उर्वशी' नामक प्रबन्धकाव्य कामाध्याय के तत्त्व को लेकर लिखा है। उसमें अभिव्यंजित सांस्कृतिक विचारधारा में दिनकर जी की विशाल राष्ट्रीय चेतना का स्पन्दन है। दिनकर की राष्ट्रीयता का सबसे मुखर रूप 'परशुराम की प्रतीक्षा' में उपलब्ध होता है। इसमें आपकी नयी व पुरानी युद्ध सम्बन्धी कविताएँ संकलित हैं। 'कुरुक्षेत्र' में युद्ध सम्बन्धी जो विचार आपने प्रकट किये हैं उसी का विकास इस काल में दृष्टिगोचर होता है। यह चीनी आक्रमण की पृष्ठभूमि में रचित काव्य है। इसमें आक्रमण की घटना से अधिक उसके लिए उत्तरदायी परिस्थितियों का रेखांकन हुआ ही गाँधीवाद के नाम पर चलती हुई कृत्रिम आध्यात्मिकता तथा निर्वीर्य कल्पनाओं का खण्डन इसमें हुआ है। इस काव्य में सर्वत्र उन्होंने हिंसात्मक क्रान्ति का आह्वान किया है-

"गिराओ बम, गोली दागो
गाँधी की रक्षा करने के
गाँधी से आगे भागो।"

'परशुराम की प्रतीक्षा' में कवि परशुराम का आह्वान करते हैं-

"है एक हाथ में परशु, एक में कुठा है
आ रहा नये भारत का भाग्यपुरुष है।"

'परशुराम की प्रतीक्षा" तक आते-आते दिनकर की राष्ट्रीय चेतना समन्वय के आयाम को कसकर पकड़ लेती है। कवि दिनकर भविष्यवाणी देते हैं कि नये भारत को हिंसा और अंहिसा, विज्ञान और अध्यात्म के समन्वित तत्त्व को ग्रहण करके आगे बढ़ना है।

समवेततः दिनकर की कविता में राष्ट्रीयता के दो स्पष्ट आयाम परिलक्षित होते हैं। पहला आयाम है स्वतन्त्रापूर्वकालीन कविता में अभिव्यक्त राष्ट्रीय चेतना जो मूलतः राष्ट्रप्रेम, अतीत गौरव, क्रान्तिकारी चेतना आदि में अनुप्राणित रही। स्वातन्त्र्योत्तरकालीन परिस्थितियों के अनुकूल कवि के दृष्टिकोण में ओय परिवर्तन ने उनकी राष्ट्रीय चेतना के दूसरे आयाम को जन्म दिया। तभी तो उनकी राष्ट्रीय चेतना ने विविध सामाजिक-राजनीतिक समस्याओं एवं राष्ट्रीय-अन्तरराष्ट्रीय विचारधाराओं और उच्च मानवीय आदर्शों को अपने में समेटकर वृहत्तर आयाम को अपना लिया।

आधुनिक हिन्दी खण्डकाव्य क्षेत्र में क्रान्ति

काव्य के विभिन्न रूपों में खण्डकाव्य का स्थान महत्त्वपूर्ण एवं अक्षुण्ण है। खण्डकाव्य वह लघु प्रबन्धकाव्य है जिसमें जीवन के एक मार्मिक पक्ष का मार्मिक चित्रण होता है। काव्यभारती की यह महती विधा अपनी हृदयाकर्षक कथात्मकता, अनुपम भावात्मकता अपेक्षाकृत संक्षिप्तता तथा सर्वोपरि रसात्मकता के कारण आज भी अत्यधिक लोकप्रिय है। हिन्दी साहित्य का आधुनिक काल सभी साहित्यांगों के सर्वांगपूर्ण विकास की रंगभूमि है। खण्डकाव्य के विविध रूपों का अभूतपूर्व विकास इस युग में हुआ। आधुनिक युग में आकर काव्यभारती के प्रांगण में ठुमुक-ठुमुककर पदार्पण करनेवाली इस काव्यधारा का जो विलक्षण विकास हुआ, वह सचमुच आश्चर्यजनक है। इस क्रमिक विकास के अन्तराल में भाव एवं रूप दोनों क्षेत्रों में खण्डकाव्य ने क्रान्ति उपस्थित की। इस क्रान्ति का रोचक इतिहास अवलोकन योग्य है।

किसी भी क्षेत्र में क्रान्ति या परिवर्तन उस क्षेत्र के विकास का ही द्योतक है। आधुनिक खण्डकाव्यधारा ने अपने विकास के सिलसिले में कई बार युगान्तर देखे, क्रान्ति अपनायी। खड़ीबोली हिन्दी में काव्यसृजन हिन्दी साहित्य के आधुनिक काल की एक महान् उपलब्धि है। आधुनिक काल के प्रारम्भ होते-होते 1886 ई. में 'एकान्तवासी योगी' की रचना करके कविवर श्रीधर पाठक ने इस युग में आख्यानक काव्य का श्रीगणेश किया। खड़ीबोली की यह सर्वप्रथम आख्यानक काव्यकृति है जो अंग्रेज़ी के मशहूर कवि गोल्डस्मिथ के प्रख्यात काव्य 'द हरमिट' का सुन्दर काव्यानुवाद है। यह एक सुमधुर प्रेमाख्यानक काव्य है। इसके अनन्तर आपने गोल्डस्मिथ के काव्य 'द डिसर्टेड विलेज' का ब्रजभाषा में 'ऊजड़ग्राम' तथा 'ट्रेवलर' का खड़ीबोली में 'श्रान्तपथिक' नाम से अनुवाद प्रस्तुत किया। श्रीधर पाठक के इन सुन्दर काव्यानुवादों ने हिन्दी कवियों को खूब प्रभावित किया। उसके प्रेमतत्त्व के सम्मोहक घेरे में कविगण आ गये और सन् 1905 ई. के लगभग जयशंकर प्रसाद जी ने ब्रजभाषा में 'प्रेमपथिक' खण्डकाव्य की रचना की। ''पाठक जी के काव्यानुवादों

ने प्रसाद में खण्डकाव्य की रुचि जगा दी, उनकी वर्णनात्मक कविता उनके छोटे-छोटे खण्डकाव्यों (प्रेमपथिक, महाराणा का महत्त्व, करुणालय) में खड़ीबोली की नवीन शैली ग्रहण की।"* सन् 1910 ई. में राष्ट्रकवि मैथिलीशरण गुप्त जी के 'जयद्रथ-वध' तथा 'रंग में भंग' प्रकाशित हुए।" सन् 1918 ई. में सियारामशरण गुप्त जी ने 'मौर्यविजय' खण्डकाव्य का प्रणयन किया। रामनरेश त्रिपाठी जी ने सन् 1920 ई. के लगभग तीन प्रमुख खण्डकाव्यों- 'पथिक, मिलन और स्वप्न' की रचना की। गुप्त जी ने अपनी पच्चीसों खण्डकाव्य रचनाओं से हिन्दी खण्डकाव्य जगत् को चमत्कृत कर दिया। सन् 1925 ई. में कविवर प्रसाद जी ने 'आँसू' नामक काव्य की रचना की। यह तो एक नवीन प्रयोग का तथा छायावादी शैली के उत्कर्ष का द्योतक एक सफल खण्डकाव्य है। जिसकी कथावस्तु अत्यन्त सूक्ष्म है। सुमित्रानन्दन पन्त जी की 'ग्रन्थि' (सन् 1920), सूर्यकान्त त्रिपाठी 'निराला' का 'तुलसीदास' (1938) आदि अभिनव प्रयोग के उत्कृष्ट खण्डकाव्य हैं। माहेश्वरी सिंह का 'सुहाग' भी छायावादी शैली का अनूठा खण्डकाव्य है। सन् 1946 ई. में गुप्त जी का 'नहुष' खण्डकाव्य प्रकाशित हुआ जिसका प्रणयन मनोवैज्ञानिक विश्लेषण के आधार पर हुआ। सन् 1946 में प्रकाशित रामधारी सिंह 'दिनकर' जी का 'कुरुक्षेत्र' भी उत्तम काव्यग्रन्थ है जिसमें युद्ध एवं शान्ति सम्बन्धी बातों पर विचार हुआ है। हरिवंशराय 'बच्चन' का 'बंगाल का अकाल' (1946), उपेन्द्रनाथ अश्क की 'बरगद की बेटी' (1947), दिनकर की 'रश्मिरथी' (1952) आदि भी इस समय के उत्तम खण्डकाव्य हैं। सन् 1950 से 60 तक लिखे खण्डकाव्यों में 'चाँदनी रात और अजगर'* 1(1952), शकुन्तला* 2(1953), शल्यवध* 3, तप्तगृह* 4 (1954), पांचाली* 5, प्रयाण* 6 (1955), सिंहद्वार* 7(1956), सती सावित्री* 8, गृहलक्ष्मी* 9, तांत्या टोपे* 10, वीरलाल पद्मधर* 11, दशानन* 12, दानवीर कर्ण* 13, प्रेमविजय* 14, आदि का प्रमुख स्थान है। सन् साठ के उपरान्त भी असंख्य खण्डकाव्य विरचित हुए। छायावादोत्तरकालीन प्रमुख कवि नरेन्द्र शर्मा का खण्डकाव्य 'द्रौपदी' मनोविज्ञान पर आधारित एक सफल रचना है। श्री विनोदशंकर व्यास का खण्डकाव्य 'गुरुदक्षिणा'

* युग औ साहित्य : शान्तिप्रिय द्विवेदी, पृ. 275.

* 1. उपेन्द्रनाथ अश्क
* 2. मैथिलीशरण गुप्त
* 3. उग्रनारायण
* 4. केदारनाथ मिश्र 'प्रभात'
* 5. रांगेय राघव
* 6. गिरिजादत्त शुक्ल 'गिरीश'
* 7. जीवन शुक्ल
* 8. गोपाल क्षोत्रिय
* 9. गिरिजादत्त शुक्ल 'गिरीश'
* 10. लक्ष्मीनारायण कुशवाहा
* 11. तन्मय बुखारिया
* 12. कैलाश तिवाड़ी
* 13. गुरुपद्म सेमवाल
* 14. सेठ गोविन्ददास

सन् 1962 में प्रकाश में आया। इसी वर्ष 'प्राणार्पण' (बालकृष्ण शर्मा) 'नवीन', 'संशय' की एक रात (श्री नरेन्द्र मेहता) 'कौन्तेय कथा', (उदयशंकर भट्ट), स्वतन्त्रता की बलिवेदी (जगन्नाथ प्रसाद मिलिन्द) जैसे खण्डकाव्य प्रकाशित हुए। सन् 64 में काका हाथरसी के हास्यव्यंग्यात्मक खण्डकाव्य का प्रकाशन हुआ - 'काकदूत'। सन् 65 में उत्तरजय (नरेन्द्र शर्मा), पाषाणी (शरण बिहारी गोस्वामी), सौमित्र (रामेश्वर), रत्नावली (हरिप्रसाद हरि), मुक्तियज्ञ (पन्त जी), आत्मजयी (कुँवर नारायण), जैसे खण्डकाव्य निकले। अजेय पौरुष (शंकर सुल्तानपुरी), सुनन्दा (सियारामशरण गुप्त) जैसे काव्य निकले। रत्ना की बात (प्रेमनारायण टण्डन), द्रोण (रामगोपाल रुद्र) जैसे खण्डकाव्य सन् 68 में प्रकाशित हुए तथा परीक्षित (शान्ति भारद्वाज 'राकेश') कुटिया का राजपुरुष (विश्वप्रकाश दीक्षित बटुक) आदि खण्डकाव्य सन् 69 में। सन् सत्तर में सुवर्णा (नरेन्द्र शर्मा), प्रवीर (केदारनाथ मिश्र 'प्रभात') शिवाजी (उमाकान्त मालवीय), भस्माकुर (नागार्जुन) जैसे काव्य निकले। सन् सत्तर के बाद भी खण्डकाव्यों का प्रणयन प्रभूत मात्रा में हो रहा है। ये समस्त खण्डकाव्य आधुनिक खण्डकाव्य विकास के प्रस्पष्ट प्रमाण प्रस्तुत करनेवाले हैं।

वस्तुतः आधुनिक काल में विभिन्न शैलियों के असंख्य खण्डकाव्य विरचित हुए। अध्ययन सुविधा की दृष्टि से सन् 2900 के लगभग सत्तर वर्ष की खण्डकाव्यधारा का इतिहास तीन कालों में विभाजित किया जा सकता है। आधुनिक हिन्दी कविता के क्षेत्र में छायावाद-काल एक मुख्य मीलस्तम्भ है। काव्यधारा के किसी भी अंग के विभाजन के लिए छायावाद काल केन्द्रबिन्दु बन सकता है। उसे केन्द्रबिन्दु बनाकर उसके पूर्व एवं बाद के काल को मापने का प्रयत्न अनुचित शायद ही होगा। यों तो प्रस्तुत काव्यधारा के तीन भाग हुए- छायावाद पूर्वकाल, छायावाद काल तथा छायावादोत्तर काल। सन् 1900 से 1920 तक का काल (द्विवेदी काल) छायावाद पूर्वयुग के अन्तर्गत आता है। सन् 1920 से 1980 तक का समय छायावाद-काल में समाहित हो जाता है। सन 1980 के अनन्तर आज तक का काल छायावादोत्तर काल माना जा सकता है। छायावादोत्तर काल का हिन्दी काव्य सचमुच स्वतन्त्र भारत का काव्य है। ऐतिहासिक दृष्टि से आधुनिक हिन्दी काव्य का विकास आचार्य महावीरप्रसाद द्विवेदी के काल से ही होता है। तब तो इस काल को प्रथमयुग (छायावाद पूर्वकाल) मानने में कोई आपत्ति नहीं। सचमुच नवीन खण्डकाव्यों के उद्भव का भी यही समय है। द्विवेदी-युग में इतिवृत्तात्मक परम्परा के खण्डकाव्य खूब प्रणीत हुए। छायावादी कवियों का आगमन काव्यक्षेत्र में युगान्तर स्थापित करता है। यहाँ से खण्डकाव्य रूप भी रूप एवं भाव में परिवर्तन को प्राप्त हुए। यों छायावादी युग खण्डकाव्य विकास के इतिहास में एक नये युग की शुरूआत करता है। काव्यक्षेत्र में छायावाद का तूफान समाप्त हुआ तो नयी कविता का युग आ गया।

इस युग को छायावादोत्तर युग अभिहित करने में आपत्ति महसूस नहीं होती। हिन्दी साहित्य के प्रामाणिक इतिहासों के मुताबिक ही आधुनिक खण्डकाव्यधारा का काल-विभाजन हुआ है। यह महज़ ऐतिहासिक नहीं प्रवृत्तिगत भी है। अपने काव्य विकास में खण्डकाव्यक्षेत्र ने मुख्यतः तीन ही बार क्रान्ति अपनायी है और उन तीन क्रान्तियों का इतिहास ही आधुनिक खण्डकाव्यधारा का इतिहास है।

आधुनिक काल के प्रारम्भिक चरण में हिन्दी खण्डकाव्यक्षेत्र में पहली बार क्रान्ति आयी। आधुनिक प्रारम्भिक खण्डकाव्य भाव एवं रूप दोनों क्षेत्रों में भावभंगिमाएँ लेकर अवतरित हुए। आधुनिक काल में समूचे काव्यक्षेत्र में जो क्रान्तिकारी परिवर्तन हुआ था उसकी स्पष्ट झाँकी तत्कालीन खण्डकाव्यों में परिलक्षित होती है। तत्कालीन परिस्थितियों के अनुरूप उसने राष्ट्रीय एवं राजनीतिक स्तर को बुलन्द किया। काव्य विषय का क्षेत्र व्यापक हो गया। पौराणिक व ऐतिहासिक विषय इस काल के खण्डकाव्यकारों के प्रेरणास्रोत रहे। पुराणों में रामायण एवं महाभारत के आख्यानों व उपाख्यानों ने खण्डकाव्यों को अधिक प्रश्रय दिया। 'हरिश्चन्द्र', 'जयद्रथ-वध' आदि काव्यों के कथानक का आधार पुराण है तो ऐतिहासिक आधार पर 'महाराणा का महत्त्व', 'मौर्यविजय', 'वीर हमीर' आदि काव्य विरचित हुए। काल्पनिक कथावस्तुओं पर आधारित खण्डकाव्य भी निकले जैसे रामनरेश त्रिपाठी के 'पथिक', 'मिलन', प्रसाद का 'प्रेमपथिक'। 'किसान', 'अनाथ', 'पथिक' जैसे काव्यों में तत्कालीन राजनीतिक एवं राष्ट्रीय प्रवृत्तियों का स्वर मुखरित है। इस काल के खण्डकाव्यों के पात्र मानवीय धरातल पर विचरण करते रहे तथा उनमें चरित्र का चित्रण भी मानवीय धरातल पर ही हुआ। सभी काव्यकारों ने अपने खण्डकाव्य में रस की सरस अभिव्यंजना की है। मुख्यतया करुण, वीर एवं शृंगार ही अंगी रस रहे।

सर्गबद्ध एवं सर्गरहित दोनों प्रकार के खण्डकाव्य अब रचे गये। जयद्रथवध, मौर्यविजय, मिलन, पथिक जैसे काव्य सर्गबद्ध हैं तो रंग में भंग, विकट भट जैसे काव्य सर्गरहित है। इस काल के अधिकांश खण्डकाव्य छन्दबद्ध शैली में ही प्रणीत हुए। जयद्रथवध, मिलन, पथिक, वीर हमीर आदि छन्दबद्ध काव्य हैं जिनमें आद्यन्त एक ही छन्द की मंजु योजना हुई है। खण्डकाव्यकारों ने अपने काव्य में यथोचित अलंकारों का भी प्रयोग किया है। भाषा के क्षेत्र में इस काल में क्रान्तिकारी परिवर्तन हुआ। काव्यभाषा के रूप में चिरप्रतिष्ठित ब्रजभाषा के स्थान पर खड़ीबोली काव्यभाषा का स्थान प्राप्त कर गयी। खड़ीबोली हिन्दी की शुद्ध व्याकरणसमस्त भाषा में आधुनिक खण्डकाव्य ख़ूब निखर उठे।

खण्डकाव्य क्षेत्र में दूसरी क्रान्ति तब आयी जब उसमें छायावादी काव्यप्रवृत्तियों का प्रभाव पड़ा। छायावादी प्रवृत्तियों के सन्निवेष से खण्डकाव्यों का भावपक्ष अधिक भावप्रवण हो गया तथा उसकी कथातन्त्रियाँ क्षीण हो गयीं। खण्डकाव्य के नये प्रयोग

हुए। इस काल में खण्डकाव्यक्षेत्र में नये प्रयोग करनेवाले प्रसाद, पन्त, निराला आदि रहे। प्रसाद प्रणोत 'आँसू', पन्त जी की 'ग्रन्थि' एवं निराला निर्मित 'तुलसीदास' तीनों छायावादी काव्यशैली के चरमोत्कर्ष के द्योतक नये प्रयोग के खण्डकाव्य हैं। पूर्ववर्ती काल के खण्डकाव्यों के अनुवर्तन करनेवाले खण्डकाव्य अब भी होते रहे। 'पंचवटी', 'वकसंहार', 'वनवास' आदि ऐसे ही काव्य हैं। इस काल में भी पौराणिक, काल्पनिक एवं ऐतिहासिक खण्डकाव्य निर्मित हुए। पुराणों के आधार पर निर्मित खण्डकाव्यों में भी नवीन उद्भावनाओं के उद्घाटन तथा कथावस्तु के कालदेशानुरूप चित्रण में कवियों का पूरा-पूरा ध्यान रहा है। 'पंचवटी', 'वनवास' जैसे काव्यों का आधार पौराणिक है। 'आँसू', 'ग्रन्थि' जैसे काव्य काल्पनिक कथावस्तुओं पर विरचित है। तुलसीदास में मनोवैज्ञानिक विचार विश्लेषणों की प्रधानता है। खण्डकाव्यों में स्थूल कथावस्तु का नितान्त अभाव है। इसमें घटनाएँ व कथा-प्रसंग केवल कवि के लिए सहारा मात्र रह जाते हैं, कवि अपनी आन्तरिक अनुभूतियों की अभिव्यक्ति के साधन के रूप में उसे चुनते हैं। कहीं-कहीं कथावस्तु घटकर लुप्त हो जाती है तथा उससे प्रवाहित भाव ही उमड़ते हैं। इस प्रकार के भावों व विचारों के प्रवाह के बीच कहीं काव्य की क्षीण कथातन्त्री लुप्त हो जाती है तथा यही पर काव्य के प्रबन्धत्व का प्रश्न सिर उठाता है। यह प्रश्न भी तब सुलझ जाता है जबकि प्रबन्धत्व को केवल कथा का मान भावों व विचारों के सम्बन्ध को भी माने। इसी काल के कतिपय काव्य सर्गबद्ध विरचित हुए तथा कतिपय सर्गरहित भी। अधिकांश काव्यों में मंगलाचरण का पालन नहीं हुआ है। इस काल की काव्यशैली भी नितान्त अनूठी है। इस युग में काव्यक्षेत्र में 'मुक्तछन्द' का पदार्पण हुआ तो कतिपय खण्डकाव्यों ने उसे मुक्त मन अपना लिया। मुक्तछन्द के खण्डकाव्य इस काल की अनूठी उपलब्धि है जिसका सर्वप्रथम प्रयोग निराला ने अपने 'तुलसीदास' में किया।

छायावादोत्तर युग में मनोविश्लेषणात्मक खण्डकाव्यों की रचना के साथ-साथ खण्डकाव्य क्षेत्र में तीसरी बार क्रान्ति आयी। इस काल में खण्डकाव्य क्षेत्र में कई नये प्रयोग हुए। नयी कविता या अकविता के युग में निर्मित काव्य की अपनी निजी विशेषताएँ अवश्य रहती हैं। प्रतीकात्मक एवं मनोवैज्ञानिक विश्लेषणयुक्त कई खण्डकाव्य रचे गये। तत्कालीन अधिकांश काव्यों के विषय पुराने ही रहे। किन्तु ये काव्य नितान्त नूतन आदर्श व शिल्प के साथ उपस्थित हुए। पुरानी कथावस्तुओं की इन खण्डकाव्यों में आकर युक्तिसंगत एवं मनोवैज्ञानिक व्याख्याएँ प्रस्तुत हुईं। कथावस्तु से अधिक पात्रों के आन्तरिक द्वन्द्वों व संघर्षों को काव्य में प्रधानता प्राप्त हुई।

पौराणिक कथावस्तुओं के आधार पर इस समय 'रश्मिरथी', 'युद्ध', 'रूपछाया', 'शल्यवध', 'दानवीर कर्ण', 'कौन्तेय कथा' जैसे अनगिनत काव्य रचे गये। 'नहुष',

'रत्ना की बात', चाँदनी रात और अजगर', 'आत्मजयी', 'द्रौपदी' आदि मनोवैज्ञानिक, विचारप्रधान एवं प्रतीकात्मक खण्डकाव्य हैं। सामाजिक पहलुओं पर 'गृहलक्ष्मी', 'बरगद की बेटी', 'कामिनी' जैसे काव्य विरचित हुए। 'अजेय पौरुष', 'कोणार्क', 'सिंहद्वार' आदि प्राचीन भारतीय इतिहास के आधार पर रचे गये तो आधुनिक इतिहास के आधार पर 'आत्मोत्सर्ग', 'तांत्या टोपे', 'कारा', 'मुक्तियज्ञ' जैसे काव्य लिखे गये। बैबिल की एक प्रासंगिक कथा के आधार पर 'अमृतपुत्र' खण्डकाव्य विरचित हुआ तथा मुस्लिम सांस्कृतिक पुराण के आधार पर 'काबा और कर्बला' काव्य। नारी-नर, काकदूत जैसे हास्यव्यंग्यात्मक शैली के खण्डकाव्य भी अब निर्मित हुए। वस्तुतः कथावस्तु के भिन्न-भिन्न प्रकारों पर आधारित खण्डकाव्यों का प्रणयन छायावादोत्तर युग में हुआ।

कुरुक्षेत्र, रश्मिरथी, प्रवीर, गृहलक्ष्मी, द्रोण आदि सर्गबद्ध शैली में लिखे गये काव्य हैं तो चाँदनी रात और अजगर, रत्ना की बात, भस्मांकुर, मुक्तियज्ञ आदि सर्गरहित शैली पर विरचित हैं। सर्ग के लिए कतिपय खण्डकाव्य प्रणेताओं ने दूसरी भी अभिधाएँ दी हैं यथा उच्छ्वास (रूपछाया), सोपान (परीक्षित) खण्ड (सौमित्र, आत्मोत्सर्ग) आहुति (तांत्या टोपे, प्राणार्पण) स्पर्श (पाषाणी)। पात्रों के मनोवैज्ञानिक चरित्र-चित्रण इन खण्डकाव्यों में प्रमुख रुप से विद्यमान हैं। रस संयोजना यद्यपि अधिकांश काव्यों में उपलब्ध है किन्तु नितान्त गौण है। इन खण्डकाव्यों में पात्रों के आन्तरिक संघर्षों व मनोवैज्ञानिक चित्रणों को इतना प्रमुख स्थान प्राप्त हुआ कि उनके बीच रस की सर्वाङ्गपूर्ण अभिव्यक्ति के लिए गुंजाइश नहीं रही। इस काल की काव्यशैली भी विशेष रोचक है। इस काल के अधिकांश खण्डकाव्य मुक्तछन्द में लिखे गये। परम्परा के प्रति विद्रोह के इस नवयुग में मानव के स्तुतिगान से कतिपय खण्डकाव्यों का श्रीगणेश हुआ है। 'रश्मिरथी' नामक अपने खण्डकाव्य में उपेक्षित मानव-कर्ण-की स्तुति करके दिनकर ने मंगलाचरण सम्बन्धी पुरानी परम्परा के विरुद्ध विद्रोह किया। 'तप्तगृह' में भी मानव की वन्दना से काव्य शुरू हुआ है। चित्रात्मकता एवं प्रतीकात्मकता इस काल की काव्यशैली की अनूठी विशेषताएँ हैं। पुराने अलंकारों के अलावा मानवीकरण (personification) विशेषण विपर्यय (transferred epithet), ध्वन्यर्थव्यंजना (onomotopia) जैसे पाश्चात्य अलंकारों का प्रयोग इन खण्डकाव्यों में प्रचुर मात्रा में प्राप्त होता है। यद्यपि छायावादोत्तर खण्डकाव्यों ने रूप एवं भाव में परिवर्तन को प्राप्त किया है तथा काव्य नियमों को ढीला कर दिया है, फिर भी काव्यरुप का मूलभूत तत्त्व इन अभिनव खण्डकाव्यों में भी अक्षुण्ण रूप से विद्यमान है।

सच्चिदानन्द हीरानन्द वात्स्यायन 'अज्ञेय' : अनोखा व्यक्तित्व-अनूठा कृतित्व

अपने विलक्षण व्यक्तित्व को आँकते हुए स्वयं अज्ञेय ने लिखा है, "मैं कपड़े सी लेता हूँ, जूते गाँठ लेता हूँ, फर्नीचर जोड़ लेता हूँ, मिठाई-पकवान बना लेता हूँ, जिल्दबन्दी कर लेता हूँ। पंखे, साइकिल, मोटर, बिजली के छोटे-मोटे यन्त्र इनकी सफाई और थोड़ी-बहुत मरम्मत कर लेता हूँ। विलायती ढंग के बाल काट सकता हूँ, चाभियाँ खो जायें तो ताले खोल दे सकता हूँ. सूत कात लेता हूँ, मामूली कढ़ाई कर लेता हूँ, मिट्टी के खिलौने बना लेता हूँ, का० के ठप्पे खोदकर कपड़े छाप लेता हूँ, साँचे तैयार कर मूर्तिया बना लेता हूँ। प्रूफ़ देख लेता हूँ, कम्पोज कर लेता हूँ, प्रेस की मशीन चला लेता हूँ। फ़ोटो खींचता हूँ, फ़िल्म और प्रिण्ट डेवेलप कर लेता हूँ, हाथ से रंग लेता हूँ। ...बन्दूक-पिस्तौल चला लेता हूँ। तैर लेता हूँ, दौड़ लेता हूँ, पहाड़ चढ़ लेता हूँ, क्रिकेट, टेनिस, बैडमिण्टन खेल लेता हूँ और इन सब में केवल शौक रखता होऊँ, ऐसा नहीं है; अधिकांश में से किसी के सहारे आजीविका भी कमा ले सकता हूँ।* विलक्षण व्यक्तित्ववाले अज्ञेय जी का कृतित्व भी विलक्षण एवं विस्मयकारी रहा है।

सच्चिदानन्द हीरानन्द वात्स्यायन, जो साहित्यक्षेत्र में अज्ञेय नाम से विज्ञेय हो गये तथा जिनके नाम के साथ समकालीन हिन्दी साहित्य के इतिहास की अपेक्षाकृत लम्बी अवधि का सीधा सरोकार है वे 4 अप्रैल, 1987 को किसी अज्ञात जगत की ओर प्रस्थान कर गये। चिर यायावर की अन्तिम यात्रा। अज्ञेय जी आध ुनिक हिन्दी के विलक्षण प्रतिभावान् एवं बहुचर्चित साहित्यकार हैं। महाप्राण निराला के बाद ऐसे विलक्षण व्यक्तित्व एवं सृजनवैभव को लेकर आधुनिक हिन्दी साहित्य के क्षेत्र में विरले कवियों में एक हैं अज्ञेय जी।

अज्ञेय जी का जीवनवृत्त किसी रोचक उपन्यास से कम दिलचस्प नहीं है। हिन्दी कविता तथा का था के क्षेत्र में कितने ही नूतन अनुसन्धानों को जन्म देनेवाले

* आत्मनेपद : अज्ञेय, पृ. 174.

अज्ञेय जी का जन्म 7 मार्च, सन् 1911 ई. में देवरिया के पुरातत्त्व अनुसन्धान विभाग शिविर में हुआ था। आपके पिता हीरानन्द शास्त्री भारत सरकार के पुरातत्त्व विभाग के ऊँचे पदाधिकारी थे। देश के विभिन्न स्थानों में अपने कार्यवश उन्हें भ्रमण करना पड़ता था। बालक सच्चिदानन्द पाँच वर्ष की उम्र तक लखनऊ में रहे, फिर श्रीनगर, जम्मू, ऊटी, मद्रास आदि जगहों में घूमते रहे। संस्कृत की मौखिक परम्परा के अनुकूल आपकी शिक्षा का श्रीगणेश हुआ था। घर पर ही आपने हिन्दू पुराण, इस्लाम के विशिष्ट ग्रन्थ तथा बायबिल का अध्ययन किया।

मैट्रिक पास होने पर आप मद्रास क्रिश्चियन कॉलेज में दाखिल हुए। प्रथम श्रेणी में बी.एस.सी. में पास होने के उपरान्त अंग्रेजी साहित्य में आपने एम.ए. किया। इस दौरान देश की राजनीति ने आपको हठात् आकृष्ट किया। सन् 1926 ई. में पं. मोतीलाल नेहरू की अध्यक्षता में लाहौर में जो कांग्रेस अधिवेशन हुआ था, उसमें आपने स्वयंसेवकों के कमाण्डर की हैसियत से हिस्सा लिया। फिर आपका रिश्ता हिन्दुस्तान रिपब्लिकन पार्टी से हो गया। कुछ दिनों तक क्रान्तिकारियों के साथ काम करने का मौका भी आपको मिला। आप बम बनानेवाले दल के वैज्ञानिक सलाहकार रहे तथा अस्त्र-शस्त्रों की मरम्मत की देखभाल करते थे। इस सिलसिले में सन् 1930 ई. में आप अमृतसर में गिरफ़्तार किये गये। तब से लेकर 1936 तक आप प्रायः जेल में रहे तथा कुछ दिनों तक बाहर नज़रबन्द भी रहे। अज्ञेय जी के इस क्रान्तिकारी व्यक्तित्व तथा जेल जीवन ने आपके कृतिकार पर अवश्य ही असर डाला है। आपका 'अज्ञेय' नाम आपके क्रान्तिकारी-जीवन का स्मृति-चिह्न है।

लेखन-कार्य अज्ञेय जी ने छोटी उमर से ही शुरू किया था। हिन्दी में ही नहीं, अंग्रेजी में भी आप लिखा करते थे। अपने छात्र-जीवन में ही आपने कुछ कविताएँ लिखी थीं, एक छोटा-सा उपन्यास लिखा था तथा 'आनन्द-बन्धु' नामक एक पारिवारिक हस्तलिखित पत्रिका का सम्पादन किया था। 'होनहार बिरवान के होत चीकने पात' वाली उक्ति आपके जीवन में सार्थक सिद्ध हुई।

सन् 1924 में इलाहाबाद की बालचर पत्रिका 'सेवा' में आपकी प्रथम कहानी तथा सन् 1927 में लाहौर की कॉलेज-पत्रिका में आपकी प्रथम कविता प्रकाश में आयी। जेल-जीवन ने आपकी लेखन-प्रतिभा को और प्रज्वलित कर दिया। 1936 ई. तक 'भग्नदूत' और 'चिन्ता' की कविताएँ लिख चुके तथा 'शेखर : एक जीवनी' प्रथम भाग आप पूरा कर चुके थे। फिर कुछ दिनों तक आपने 'सैनिक', 'भारती', 'विशाल भारत' जैसी पत्रिकाओं का सम्पादन किया। पिता जी आपको उच्चशिक्षार्थ विदेश भेजने की तमन्ना रखते थे। किन्तु 1936 में द्वितीय महायुद्ध के छिड़ जाने के कारण वह सम्भव नहीं हो सका। कुछ दिनों तक आपने 'ऑल इण्डिया रेडियो' में काम किया। फिर अचानक उसे छोड़कर सेना में भर्ती हो गये। 1945 में युद्ध

की समाप्ति पर आप सेना से मुक्त हुए। तदनन्तर आपने 'प्रतीक' द्वैमासिक निकाला जिसने प्रयोगवादी आन्दोलन के मुखपत्र के रूप में महती भूमिका अदा की। बीच में कुछ दिनों तक पुनः आपने आकाशवाणी में काम किया। 1955 में युनेस्को की वृत्ति पर यूरोप घूम आये। 1957 में जापान और पूर्वी एशिया के देशों का आपने भ्रमण किया और वहाँ के साहित्यों को निकट सम्पर्क में आये। 1958 में जापान से लौटकर 'वाक' (Vak) नामक एक अंग्रेजी त्रैमासिक का सम्पादन किया जिसका मूल लक्ष्य एशिया के साहित्यचिन्तन से पश्चिमी देशों को परिचित कराना था। 1960 से '65 तक अज्ञेय जी भारतीय साहित्य और संस्कृति के प्राध्यापक के पद पर कैलिफोर्निया विश्वविद्यालय में कार्यरत रहे। 1965 से आपने 'दिनमान' हिन्दी पत्र-पित्रकाओं के क्षेत्र में अभूतपूर्व कीर्ति अर्जित कर सका। सन् 1966 में कुछ समय तक आप बर्कले विश्वविद्यालय अमेरिका में आतिथि-अध्यापक रहे। तदुपरान्त भारत में अपने ही शौकों में लगे रहकर लेखन-कार्य में व्यस्त जिन्दगी बिता रहे थे कि 4 अप्रैल, 1987 को 'आखिरी नाव' आपके निकट पहुँच गयी और आपने विदा ली।

अज्ञेय जी का व्यक्तित्व किस प्रकार बंहुमुखी है, उनका कृतित्व भी वैसा ही इन्द्रधनुषी है। कविता के अतिरिक्त कहानी, उपन्यास, निबन्ध, आलोचना आदि क्षेत्रों में भी उन्होंने अपनी प्रतिभा का प्रसार किया है।

अज्ञेय जी की प्रकाशित कृतियाँ निम्नलिखित हैं-

काव्य-संग्रह - 'भग्नदूत', 'चिन्ता', 'इत्यलम्', 'हरी घास पर क्षण भर', 'बावरा अहेरी', 'इन्द्रधनुष रौंदे हुए ये', 'अरी ओ करुणा प्रभामय', 'आँगन के पार द्वार', 'कितनी नावों में कितनी बार', 'सागर-मुद्रा', 'पहले मैं— सन्नाटा बुनता हूँ', 'महावृक्ष के नीचे' आदि।

कहानी-संग्रह - 'विपथगा', 'कोठरी की बात', 'शरणार्थी', 'जयदोल'।

अज्ञेय की कहानियाँ - (तीन भाग), 'ये तेरे प्रतिरूप' आदि।

उपन्यास - 'शेखर : एक जीवनी', 'नदी के द्वीप', 'अपने-अपने अजनबी'।

निबन्ध और संस्मरण - 'त्रिशकु', 'आत्मनेपद', 'हिन्दी साहित्य- एक आधुनिक परिदृश्य'।

यात्रा-वृत्तान्त - 'अरे यायावर रहेगा याद', 'एक बूँद सहसा उछली'।

नाटक - 'उत्तर प्रियदर्शी।

सम्पादन पत्र-पत्रिकाएँ - 'सैनिक', 'विशाल भारत', 'प्रतक', 'दिनमान' आदि।

सम्पादित ग्रन्थ - 'तारसप्तक', 'दूसरा सप्तक', 'तीसरा सप्तक' और 'चौथा सप्तक' तथा 'पुष्करिणी', 'रूपाम्बरा', 'नेहरू अभिनन्दन ग्रन्थ' आदि।

साहित्य की जिस किसी भी विधा पर इस कृती कलाकार ने अपनी लेखनी चलायी है, सबको कला के नूतन प्रतिमानों से अभिमण्डित करने में कोई कसर नहीं की है। इस महान् कलाकार की खोज में कई पुरस्कार भी आये हैं। 'आँगन के पार द्वार' पर आपको साहित्य अकादमी का पुरस्कार मिला है। 1965 में आपका नाम नोबेल पुरस्कार के लिए प्रस्तावित हुआ था। 'कितनी नावों में कितनी बार' काव्यसंग्रह पर आपको सर्वोच्च साहित्यिक ज्ञानपीठ पुरस्कार भी सन् 1978 में प्राप्त हुआ है। अन्य भी अनेकों पुरस्कारों के वे अधिकारी हुए हैं।

अज्ञेय जी का सबसे मुखर रूप उनका कवि रूप ही है। हिन्दी की नयी कविता के वे समर्थ हस्ताक्षर हैं। छायावादोत्तर कविता को नयी दिशा एवं दशा प्रदान करने का श्रेय वस्तुतः अज्ञेय जी को ही प्राप्त है। विश्वसाहित्य में इने-गिने कवि ही ऐसे मौजूद होंगे जो अपना काव्य-जीवन परम्परावादी कविता से शुरू करे, नये-नये आन्दोलनों का सूत्रपात करे तथा वर्षों बीत जाने पर भी नयीं क्षमता एवं नव-नवोन्मेषशालिनी प्रतिभा के साथ अपनी सफल काव्य-यात्रा में निरन्तर लगे रहे। हिन्दी की छायावादोत्तर कविता के प्रतिनिधि कवि के रूप में किसी एक कवि को चुनना पड़े तो एकमात्र अज्ञेय ही मिलेंगे जो छायावादोत्तर समस्त काव्यप्रवृत्तियों को अपने में सँजोये हुए हैं। वस्तुतः अज्ञेय जी की काव्य-यात्रा हिन्दी की छायावादोत्तर कविता की विकास-यात्रा है। दूसरे शब्दों में अज्ञेय जी हिन्दी की समकालीन कविता के सहयात्री कवि रहे।

अज्ञेय जी केवल हिन्दी की नूतन काव्यधारा के प्रणेता ही नहीं आप इस काव्यधारा के प्रवर्तक भी हैं। अन्य नूतन काव्याभिलाषी कवियों को पाठकों के सम्मुख पेश करने का श्रमसाध्य कार्य भी आपने किया है। कवि की हैसियत से आपने नूतन काव्यधारा का प्रणयन किया है, अन्य कवियों को प्रेरणा दी है। फिर तो एक समर्थ वकील की भाँति उन्होंने उनकी कविता की बारीकियों, मान्यताओं व उपलब्धियों की वकालत की है तथा न्यायाधीश या जज के रूप में उस कविता का मूल्यांकन भी किया है। यों तो अज्ञेय जी मात्र नूतन काव्यधारा के प्रवर्तक कवि ही नहीं, बल्कि उस काव्यधारा के सजग वकील एवं जज भी हैं।

अज्ञेय जी की कविता आपके व्यक्तित्व की ही भाँति यायावरी प्रकृति की रही है। शुद्ध रोमाण्टिक कल्पनाओं के साथ वे काव्यक्षेत्र में पदार्पण कर गये थे। आपको प्रारम्भिक रचनाएँ छायावादी विशेषताओं से अभिमण्डित रहीं। 'भग्नदूत' तथा 'चिन्ता' दोनों अज्ञेय जी की रूमानी प्रवृत्ति को रेखांकित करनेवाली कविताओं के संग्रह हैं।

'इत्यलम्' के साथ अज्ञेय जी की प्रारम्भिक काव्य-यात्रा का पहला वृत्त पूरा हो जाता है जिसकी सूचना स्वयं काव्य का शीर्षक देता है। इस काव्य के साथ कवि

की छायावादी संकल्पनाओं की इति होती है। अब तो वे अभिव्यक्ति के नये आयामों की खोज के लिए उतावले हो गये। वस्तुतः 'इत्यलम्' की अन्तिम कविताएँ प्रयोगवादी रुख की हैं। 'बन्दी के स्वप्न' शीर्षक प्रथम खण्ड कवि के बन्दी जीवन से सम्बद्ध है। तत्कालीन क्रान्तिकारी आन्दोलनों का स्वर उसमें स्पष्ट मुखरित है।

'हरी घास पर क्षण भर' (1949) अज्ञेय जी की काव्य-यात्रा के नये मोड़ का परिचायक है। इस संग्रह ने नयी कविता के प्रवर्तक के रूप में अज्ञेय को प्रतिष्ठा दी थी। 'तारसप्तक' यदि नये प्रयोगों का घोषणापत्र था, तो 'हरी घास पर क्षण भर' नयी कविता का प्रस्थान-बिन्दु है। इस संग्रह में आपने अपनी अनुभूति के ईमानदार आविष्कार के लिए नये उपमानों की खोज की है-

''ये उपमान मैले हो गये हैं
देवता इन प्रतीकों के कर गये हैं कूच
कभी बासन अधिक घिसने से मुलम्मा छूट जाता है।''

इन पंक्तियों में पुराने उपमानों व प्रतीकों की व्यर्थता निर्दिष्ट हुई है, आवृत्तिदोष से उपजे बासीपन की ओर इशारा है, तथा नये शिल्पबोध की सार्थकता की ओर स्पष्ट संकेत भी है। इस संग्रह की कविताएँ प्रतीकात्मक हैं। स्वयं 'हरी घास पर क्षण भर' प्रतीकात्मक है। इसमें प्रकृति की भूमिका पर प्रणयानूभूति की मुग्ध अभिव्यंजना हुई है। 'हरी घास' यहाँ स्वच्छन्द और उन्मुक्त जीवन का प्रतीक है। 'नदी के द्वीप' जैसी प्रसिद्ध कविताएँ इसी में हैं जो प्रतीकात्मक हैं।

'बावरा अहेरी' में अज्ञेय जी की विविध विषयक कविताएँ संकलित हैं। 'बावरा अहेरी' कवि के आत्म-परिष्कार एवं आत्म-परीक्षण की भूमिका पर विरचित कविता है। 'बावरा अहेरी' सूरज का प्रतीक है जो अपने आकर्षक जाल में समस्त प्रपंच को फँसाता है।

'इन्द्रधनु रौंदे हुए ये' में कवि का सामाजिक पक्ष प्रौढ़ दिखायी पड़ता है। इसकी कतिपय कविताएँ कवि को नव अध्यात्मवाद से जुड़ानेवाली हैं। कुछेक कविताएँ व्यंग्यपरक हैं। 'साँप' एक प्रसिद्ध उदाहरण है।

अज्ञेय जी की कविता में आस्था और जिजीविषा का जो मूल स्वर है, 'अरी ओ करुणा प्रभामय' में बुलन्द है।

'आँगन के पार द्वार' 1961 ई. में प्रकाशित काव्यसंग्रह है। इसके तीन खण्ड हैं। प्रथम खण्ड 'अन्तः सलिला' में विविध विषय की कविताएँ हैं। दूसरे खण्ड 'चक्रान्त शिला' में एक ही तत्त्व को लेकर विरचित कविताएँ हैं। इसकी कविताएँ रहस्यवादी हैं। इसमें कवि ने विराट् सत्ता के स्वरूप, उसकी सर्वव्यापकता, अलौकिकता, अनन्त करुणा आदि का निरूपण करते हुए उस तत्त्व के साथ तादात्म्य स्थापित करने का प्रयत्न किया है। 'दूज का चाँद' कविता का उदारहण है-

"मेरे छोटे घर-कुटीर का दिया
तुम्हारे मन्दिर के विस्तृत आँगन में
सहसा-सा रख दिया गया।"

तीसरा खण्ड 'असाध्या वीणा' अज्ञेय जी की प्रसिद्ध आख्यानक कविता (narrative poetry) है। नरेन्द्र शर्मा ने अपने एक लेख में पीवो नामक राजकुमार की चीनी कथा का जो उल्लेख किया था, वही कथा अज्ञेय जी की उक्त कविता का केन्द्र बिन्दु है। अज्ञेय जी के कमाल ने उस चीनी कथा को सौ फीसदी भारतीय बना दिया है।

'कितनी नावों में कितनी बार' में 1962 से 1966 तक की कविताएँ संकलित हैं। इसमें कवि ने गहरे स्तर पर मानवीय आस्था की खोज की है। केरल की प्रसिद्ध नदी 'पेरियार' पर भी एक कविता इसमें प्रस्तुत है।[1]

'सागर म्रुदा' शिल्प की दृष्टि से प्रौढ कविताओं का संकलन है।

'क्योंकि मैं जानता हूँ' संग्रह में अज्ञेय जी के बहुआयामी व्यक्तित्व की अनगिनत छटाएँ दर्शित होती हैं। इसकी कविताएँ समसामयिक जीवन की अनुगूँतियों से अनुगूँजित हैं। राजनीति, धर्म, राष्ट्रीयता आदि के सच्चे अहसास से भरी कतिपय कवितओं में व्यंग्य का स्वर प्रकट हैं। यथा -

"आजादी के बीस बरस से
बीस बरस की आज़ादी से
तुम्हें कुछ नहीं मिला
मिला सिर्फ आजादी।"

'महावृक्ष के नीचे' 1974 से 76 तक की बयालीस कविताओं का संग्रह है। इस संग्रह का महत्त्व वाक़ई इसमे प्रयुक्त सहज एवं सरल भाषा-शैली के कारण है।

स्पष्ट है वैयक्तिकता, सामाजिकता, नया सौन्दर्यबोध, आत्मान्वेषण, आस्था, जिजीविषा, नव अध्यात्मवाद, समसामयिक चेतना आदि ही अज्ञेय काव्य की प्रमुख प्रवृत्तियाँ हैं।

अज्ञेय जी ने शिल्प क्षेत्र में भी क्रान्ति की है। नितान्त नूतन एवं अछूते प्रतीकों व बिम्बों का प्रयोग आपके काव्य में परिलक्षित होता है। विरासत में मिली काव्यभाषा से अज्ञेय तुष्ट नहीं थे, आधुनिक जीवन की जटिल अनुभूतियों के सम्प्रेषण के लिए आपने भाषा को ढाल दिया, सक्षम बनाया। आपकी काव्यभाषा मुख्यतया तीन प्रकार की हैं- (1) संस्कृत की परिनिष्ठित शब्दावली से युक्त (2) तद्भाव शब्दों से युक्त तथा (3) बोलचाल और व्यावहारिक शब्दावली से युक्त।

नये सौन्दर्यबोध के साथ नये शब्दों का भी सन्धान करनेवाली एक कविता लें-

“सबेरे सबेरे
नहीं आती बुलबुल
*   *   *
जैसे ही जागा
कहीं पर अभागा
अड़डाता है कागा
काँय! काँय ! काँय!”

अपने भावों को अधिक सम्प्रेषणीय बनाने के लिए आपने कहीं कोष्ठकों, कहीं बिन्दुओं तथा कहीं सीधी-तिरछी रेखाओं का प्रयोग भी किया है। छन्द के क्षेत्र में भी आपने क्रान्ति की है।

समग्रतः विचार करने पर ज्ञात होगा कि हिन्दी कविता को नवयुगानुकूल परिभाषित करने का बहुत बड़ा प्रयास अज्ञेय जी ने किया है। यही कारण है कि नयी कविता के प्रतिनिधि कवि के रूप में अज्ञेय जी को मान्यता मिली है।

अज्ञेय जी की कविता के सन्दर्भ में विदेशी प्रभाव का मुद्दा सहज ही उठता है। उनकी यायावरी वृत्ति तथा विदेशी साहित्य के गहन एवं व्यापक अध्ययन ने उनकी कविता को अवश्य ही प्रभावित किया है। इस तथ्य का समर्थन आपने स्वयं किया भी है। टी.एस. इलियट, डॉ. जॉन्सन जैसे पाश्चात्यों का प्रभाव उन पर पड़ा है जो जापानी हाइकू जैसी काव्यशैलियों का प्रभाव भी उनकी कविताओं में स्पष्ट दृष्टिगोचर होता है। स्वयं आपने स्वीकारा भी है-

“यों मैं कवि हूँ आधुनिक हूँ, नया हूँ
काव्य तत्त्व की खोज में कहाँ नहीं गया हूँ।”

अज्ञेय जी ने प्रभूत मात्रा में विदेशी कविता का हिन्दी में अनुवाद भी किया है। जापानी जेन और हाइकू शैली के प्रति आपका विशेष मोह रहा। इस शैली की अनेक कविताएँ आपने रची भी हैं।

‘चिड़िया की कहानी’ हाइकू शैली पर विरचित आपकी ख्यातिप्राप्त कविता है।

“उड़ गई चिड़िया
काँपी, फिर
थिर
हो गई पन्ती।”

कविता बस इतनी है। गागर में सागर भरने का प्रयास इसमें हुआ है। अभिधार्थ, लक्ष्यार्थ तथा व्यंग्यार्थ के तौर पर इस कविता की कितनी ही व्याख्याएँ हो सकती हैं।

इस प्रकार की विदेशी शैलियों के अनुकरण, निजी, काव्यबिम्बों तथा नितान्त वैयक्तिक अनुभूतियों के कारण उदभूत दुरूहता आदि की वजह से अज्ञेय काव्य अनकों विवादों का अखाड़ा भी बना है। कोई-कोई आलोचक उनसे चिढ़ते हैं तथा पश्चिमी जूठन को देश में व्यंजन बनाकर खिलाने के अपराधी भी घोषित करते हैं। किन्तु अक्खड़पन और अकेलेपन में अजीब आनन्द का अहसास लेनेवाले अज्ञेय जी ने इनकी कोई परवाह ही नहीं की। आस्था और जिजीविषा के साथ वे साहित्यिक जीवन बिता ही रहे थे कि विदाई की वेला आ गयी। वे चल बसे। किन्तु साहित्यक्षेत्र में उनका नाम अमर रहेगा।

---

1. कितनी नावों में कितनी बार' संग्रह की 29 वीं कविता शीर्षक है 'पेरियार'।

नयी कविता की विकास-यात्रा*

हिन्दी की नयी कविता को सही पहचान के लिए कम-से-कम छायावादोत्तर विभिन्न काव्यान्दोलनों से होकर गुजरना नितान्त अनिवार्य हो जाता है। काव्यक्षेत्र में, प्रचलित काव्य-प्रवृत्तियों से भिन्न प्रवृत्तियों का प्रादुर्भाव एवं प्रचलन जब होता है तथा उनके अनुकूल कविता जब नये ढंग से परिभाषित होने लगती है तब काव्यक्षेत्र में नया आन्दोलन उभरने लगता है। आधुनिक हिन्दी कविता अपनी विकास-यात्रा के दौरान विभिन्न काव्यान्दोलनों से होकर गुजरी है। आधुनिक हिन्दी कविता के काव्यान्दोलनों में सबसे प्रबल छायावाद ही रहा है। लगभग 1940 तक हिन्दी काव्यक्षेत्र में छायावाद का दौर रहा। तदनन्तर छायावाद की प्रतिक्रिया के रूप में प्रगतिवाद तथा प्रयोगवाद नाम से दो काव्यान्दोलन स्थापित हुए। अक्सर यही देखा जाता है कि रुढ़िबद्धता के विरूद्ध जो नये आन्दोलन जन्म लेते हैं उनमें भी कालान्तर में रूढ़ियाँ स्थिर हो जाती हैं तथा फिर उनका भी विरोध होने लगता है। छायावादी धारा की स्पष्ट प्रतिक्रिया के रूप में प्रगतिवादी धारा उभर आयी थी। छायावाद की इन्द्रधनुषी कल्पना के स्थान पर इस कविता ने समाज के ठोस यथार्थ के स्वर को मुखरित किया है जब प्रगतिवाद ने साहित्यिक आन्दोलन से अधिक राजनीतिक आन्दोलन का रुप लिया तो उसका भी विरोध होने लगा। इस दशा में एक ऐसी काव्यधारा का प्रादुर्भाव होने लगा, जिसमें न तो छायावाद की-सी मधुर मजु एवं रंगबिरंगी कल्पनाएँ थीं, न प्रगतिवाद की-सी वामपंथी रुझान रही, तथा जिसमें प्रयोगशीलता के प्रति ललक थी, कविता की नयी राहों के अन्वेषण की प्रवृत्ति रही। यह नयी काव्यधारा प्रयोगवाद नाम से अभिहित हो गयी। 'तारसप्तक' के प्रकाशन की तिथि 1943 से प्रयोगवाद का शुभारम्भ माना जाता है। 'तारसप्तक' का प्रकाशन वस्तुतः हिन्दी काव्य-क्षेत्र का एक मील-स्तम्भ ही रहा। उसने तब तक चली आयी

* यहाँ नयी कविता शीर्षक का प्रयोग, उक्त नाम के विशेष काव्यान्दोलन के लिए नहीं, बल्कि छायावादोत्तर काल से शुरू होकर अधावधि प्रवहमान नूतन काव्यधारा के लिए हुआ है।

काव्य-परम्परा की दशा एवं दिशा को नया मोड़ देने का महत्त्वपूर्ण कार्य किया।

अज्ञेय द्वारा सम्पादित इस 'तारसप्तक' में गजानन माधव मुक्तिबोध, नेमिचन्द्र जैन, भारतभूषण अग्रवाल, प्रभाकर माचवे, गिरिजाकुमार माथुर, रामविलास शर्मा तथा अज्ञेय की कविताएँ संकलित थीं। सम्पादक अज्ञेय ने इस काव्यधारा को अपनी ओर से कोई नाम नहीं दिया था। किन्तु 'तारसप्तक' की भूमिका में यत्र-तत्र आपने 'प्रयोग' शब्द का प्रयोग जो किया था, आलोचकों ने उसी के बल पर इस काव्यधारा को प्रयोगवाद नाम दे दिया। बाद में यद्यपि अज्ञेय को ही यह नाम अनुचित लगा और आपने नाम के विरोध में घोषणा-पत्र भी निकाला था, फिर भी आलोचकों पर इसका कोई प्रभाव नहीं पड़ा और उस नूतन काव्यधारा का प्रयोगवाद नाम रूढ़ हो गया।

'तारसप्तक' के सातों कवियों तथा अन्य कतिपय प्रयोगशील कवियों की कविताओं द्वारा प्रयोगवादी काव्यधारा का इतिहास निर्मित होता है। ये कवि काव्य में नये-नये प्रयोगों की ओर प्रयत्नशील रहे। वस्तुतः ये कवि कविता के भाव एवं शिल्प-क्षेत्र में नूतन प्रयोग ला सके। भावुकता के स्थान पर बौद्धिकता का ग्रहण इन कवियों ने किया। यही कारण है कि परम्परागत सौन्दर्य-भावना का इन्होंने तिरस्कार किया है तथा बौद्धिकता को स्वीकारा है। फ्रायड, डार्विन आदि का विशेष प्रभाव इन कवियों पर स्पष्ट परिलक्षित होता है। अंह की अभिव्यक्ति, वासना की उन्मुक्त वर्णन आदि भावगत प्रयोग इस काल में हुए तो नये-नये उपमान, प्रतीक, बिम्ब आदि के प्रयोग, छन्दविधान आदि के क्षेत्र में शिल्पपरक प्रयोग भी हुए। नवीनता के प्रति तथा नये-नये प्रयोगों के प्रति अतिशय दुराग्रह के कारण इस काव्यधारा में क्लिष्टता एवं दुर्बोधता की प्रवृत्तियाँ भी घर कर गयीं।

हिन्दी की छायावादोत्तर कविता में प्रयोगवाद का स्थान इसलिए है कि वह एक काव्यात्मक आन्दोलन का रूप ले सका है तथा उसकी अपनी प्रवृत्तियाँ, उपलब्धियाँ एवं सीमाएँ रही हैं। प्रयोगवाद वाक़ई आधुनिक हिन्दी कविता की वह धारा है जिसमें "नये सत्यों या नयी यथार्थताओं का जीवित बोध भी है, उन सत्यों के साथ रागात्मक सम्बन्ध भी।" (अज्ञेय)

वस्तुतः 'तारसप्तक' के कवि किसी एक स्कूल के नहीं रहे, जिस बात का सीधा उल्लेख 'तारसप्तक' के सम्पादकीय वक्तव्य में हुआ भी था। अज्ञेय तथा मुक्तिबोध की कविताएँ तथा उनमें परिलक्षित जीवनदृष्टि ही इस बात का प्रस्पष्ट प्रमाण प्रस्तुत करनेवाली हैं। अज्ञेय के अनुसार काव्य के प्रति एक अन्वेषी दृष्टिकोण ही तारसप्तक के कवियों को समानता के सूत्र में बाँधता है। दिलचस्प बात तो यह है कि यह अन्वेषी दृष्टिकोण 'दूसरा सप्तक' तक बदल गया और राहों के अन्वेषण

के स्थान पर आत्मान्वेषण पर ज़ोर डाला गया। 'दूसरा सप्तक' भवानीप्रसाद मिश्र, शकुन्तला माथुर, हरिनारायण व्यास, शमशेर बहादुर सिंह, श्रीनरेश मेहता, रघुवीर सहाय तथा धर्मवीर भारती की कविताओं में निर्मित होता है। इनमें से प्रत्येक कवि ने अपने-अपने सामाजिक एवं काव्यविषयक दृष्टिकोण को स्पष्ट करने का कष्ट भी उठाया है।

प्रयोगवाद के प्रवर्तक एवं प्रयोक्ता अज्ञेय ने ही 1951 के आसपास 'नयी कविता' का प्रयोग किया है और यह स्पष्ट किया है कि नयी कविता के लिए प्रयोगवाद शब्द अपूर्ण, अव्याप्त और पूर्वाग्रहपूर्ण है। 1954 में श्री रामस्वरूप चतुर्वेदी तथा लक्ष्मीकान्त वर्मा द्वारा 'नये पत्ते' का प्रकाशन हुआ। इसमें नयी कविता का प्रस्फुटन उभर आया था। इसके पश्चात् डॉ. जगदीश गुप्त ने 'नयी कविता' नामक पत्रिका का प्रकाशन किया तो इस नयी काव्यधारा का प्रचार एवं प्रसार हुआ। डॉ. परमानन्द श्रीवास्तव के स्वर में स्वर मिलाकर यह कहा जा सकता है कि "सुविधा के लिए यह माना जा सकता है कि 'दूसरा सप्तक' के प्रकाशन के साथ ही 'नयी कविता' का प्रारम्भ हुआ जिसे आगे चलकर 'नयी कविता' पत्रिका के साथ प्रतिष्ठा मिली और 'तीसरा सप्तक' के साथ जिसकी रूढ़ि स्थिर हुई।"

1959 में 'तीसरा सप्तक' प्रकाश में आया। इसके कवि हैं कुँवर नारायण, केदारनाथ सिंह, विजयदेव नारायण साही, सर्वेश्वर दयाल सक्सेना, कीर्ति चौधरी, मदन वात्स्यायन तथा प्रयाग नारायण त्रिपाठी। 'नयी कविता' के प्रौढ़ विकास के इस काल में नयी सौन्दर्यानुभूति एवं जीवन-मूल्यों का स्पष्टतः अंकन कविता का लक्ष्य रहा। 'तीसरा सप्तक' की भूमिका में अज्ञेय ने स्वयं स्वीकार किया है कि इस सप्तक के आने तक परम्पराओं की कुछ लीकें बन गयी हैं। नयी कविता की संवेदना मूलतः व्यक्तिवादी रही है। किन्तु कवियों के बदलते दृष्टिकोण के मुताबिक व्यक्तिवादिता भी भिन्न-भिन्न स्तर की परिभाषित हुई। किसी ने (कुँवर नारायण' आस्थावादी, अस्तित्ववादी दृष्टिकोण को महत्त्व दिया, किसी ने (केदारनाथ सिंह) बिम्बवाद को महत्त्व दिया। 'नयी कविता' ने 'टेकनीक' पर इतना ज़ोर दिया कि कवि और कविता की श्रेष्ठता के मापदण्ड ही उनके द्वारा आविष्कृत बिम्ब माने गये।

मतलब यह हुआ कि जहाँ नयी कविता का व्यक्तिपरक सरोकार व्यक्तिवादिता से जुड़ गया, वहाँ उसका शिल्पपरक सरोकार बिम्बवाद से जुड़ता गया। किन्तु अविलम्ब नयी कविता के ये सरोकार पुराने पड़ गये। नयी कविता के अतिशय व्यक्तिवाद एवं बिम्बवाद के विरुद्ध 1960 के आस-पास क्रान्ति उठी और कविता की नयी दिशाओं की खोज शुरू हुई। वस्तुतः पाश्चात्य कविता के बिम्बवाद ने ही नये कवियों को मोह लिया था। किन्तु सन्' 50 के लगभग ही पाश्चात्य जगत् में

बिम्बवाद के विरुद्ध आन्दोलन शुरू हो गया था और वहाँ बिम्ब काव्य का अनिवार्य अंग नहीं ठहराया गया। सन् 1960 तक आते-आते हिन्दी के नये कवियों का भी बिम्ब के प्रति मोह मिटने लगा और पहले जिस काव्य-बिम्ब को कविता का पर्याय समझा जाने लगा, अब तक बिम्बों का मोह छूटने लगा। डॉ. नामवर सिंह ने इस ओर संकेत करते हुए उचित ही कहा है कि "अब कविता बिम्ब का पर्याय नहीं।" यही नहीं साठोत्तर कविता तक आते-आते, प्रयोगवादी नयी कविता में जो दुर्बोध जटिलता रही, जिसके विरुद्ध समीक्षकों ने सम्प्रेषणीयता का सवाल बार-बार उठाया था, अप्रत्यक्ष होने लगी।

साठोत्तर काल में देश के बदलते हुए परिवेश के अनुकूल साहित्य की विविध विधाओं में भी परिवर्तन के चिह्न नज़र आने लगे। यों जिस प्रकार साठोत्तर कहानी, साठोत्तर उपन्यास आदि शीर्षक बने उसी प्रकार 'साठोत्तर कविता' शीर्षक भी बन गयीं। छायावादोत्तर हिन्दी काव्येतिहास में सन् 1960 का वर्ष वस्तुतः विशेष महत्त्व रखता है। साठोत्तर कविता का इतिहास विविध काव्यान्दोलनों का काल रहा है। सन् 1960 के बाद कविता प्रकाशित करनेवाली तथा कविता पर आलोचना करनेवाली पत्रिकाओं की बाढ़ भी आ गयी। वस्तुतः इन्हीं पत्रिकाओं ने ही इस समय दर्जनों काव्यान्दोलन शुरू किये थे। सन्' 60 और' 70 के बीच हिन्दी काव्यक्षेत्र ने जितने आन्दोलन देखे, उतने न पहले कभी देखे और न बाद में भी। अकविता, अस्वीकृत कविता, विद्रोही कविता, अन्यथावादी कविता, कबीरपन्थी कविता, अभिनव कविता, अधुनातन कविता, सनातन सूर्योदयी कविता, युयुत्सावादी कविता, भूखी पीढ़ी कविता, वीर कविता, ठोस कविता, श्मशानी कविता आदि न जाने कितने काव्यांदोलन इस दशक में पैदा हुए और मर मिटे। यद्यपि ये आन्दोलन अल्पायु ही रहे, तथापि काव्यक्षेत्र में इनका अवश्य हो कुछ महत्त्व है।

साठोत्तर काल में प्रकाशित अल्पायु पत्रिकाओं तथा उनके द्वारा उद्भूत काव्यान्दोलनों का ओर दृष्टिपात करने पर यह बात स्पष्ट नज़र आती है कि इस प्रवृत्ति के मूल में कई बात काम कर रही थीं। अब तक देश को स्वतन्त्रता के दर्ज़न से ज्यादा वर्ष गुजर चुके थे। शिक्षा के प्रसार के कारण साहित्य की ओर महत्त्वाकांक्षा रखनेवाली एक पीढ़ी जल्दी ही सक्रिय हो गयी थी। उनकी रचनाओं को प्रतिष्ठित पत्रिकाओं में अस्वीकार ही मिला तो अपनी ओर से लघुपत्रिकाओं के प्रकाशन के सिवा उनके पास विकल्प ही नहीं रहा। यही नहीं अपनी पहचान बनाने की छटपटाहट ने भी नई पीढ़ी को इस ओर प्रेरित किया है। अब व्यक्ति को अपनी पहचान बनाये रखने का काम अधिक कष्टसाध्य हो गया। समाज को अपनी ओर आकर्षित करने के लिए इस युवा पीढ़ी ने चमत्कार का मार्ग अपनाया। दशाधिक

काव्यांदोलन जो इस दशक में पैदा हुए, मात्र चमत्कार प्रदर्शन हेतु बन गये थे। किन्तु इन आन्दोलनों ने एक दशक की सामाजिक, राजनैतिक एवं मानसिक स्थितियों का रेखांकन अवश्य ही किया है।

"अकविता" परम्परा के प्रति विद्रोह की कविता है। यह कविता एक ओर परम्परागत सामाजिक मूल्यों को अस्वीकार करती है तथा दूसरी ओर काव्यमान्यताओं को भी। 'अकविता' के प्रमुख प्रवक्ता डॉ. श्याम परमार ने सन् साठ के बाद को मुख्यधारा को 'अकविता' माना है तथा स्वीकार किया है कि अकविता क्षुब्ध मन की वास्तविक अभिव्यंजना है जो अब्सड़ को भी एक स्वाभाविक तत्व मानती है। 'कविता विरोधी' या 'जो कविता नहीं' के अर्थ में अकविता शब्द नहीं बना है। अकविता नाम की सार्थकता इसमें है कि यह कविता स्वीकृत काव्यमान्यताओं पर कविता नहीं है, एक भिन्न सौन्दर्य बोध और भिन्न अन्दाज़ की कविता है।

जीवन में संघर्ष या विद्रोह को महत्त्व देनेवालों ने युयुत्सावादी कविता का प्रचार किया, अमेरिका के बीट जनरेशन की नक़ल में (बीट पीढ़ी अमेरिका की ऐसी पीढ़ी हे जो समस्त सामाजिक, नैतिक नियन्त्रणों से मुक्त जीवन बिताना चाहती है, अपनी स्मृतियों से भी छुटकारा पाने के लिए यह पीढ़ी मरीजुआना जैसी नशीली चीज़ों का इस्तेमाल करती है।) जो कविता बनी वही भूखी पीढ़ी, क्रुद्ध पीढ़ी या बीट पीढ़ी की कविता बनी। निजी काव्यदृष्टि एवं जीवन दृष्टि के अभाव में ये तथा इनके सहजीवी काव्यांदोलन स्थिर नहीं रह पाये।

इस प्रकार के आन्दोलनों के परे भी साठोत्तर काल में कवितायें रची गयीं। "नयी कविता" के कवियों ने अब भी रचनायें ज़ारी रखीं। उन्होंने नवीन काव्याभिरुचि, नवीन सौन्दर्य बोध एवं नयी संवेदना की कवितायें रचीं। इस अर्थ में साठोत्तर कविता की मुख्य धारा वस्तुतः नयी कविता का ही विकास है। डॉ. परमानन्द श्रीवास्तव ने ठीक ही व्यक्त किया है—"नयी कविता के एक दौर का समाप्त हो जाना नयी कविता का समाप्त हो जाना नहीं है।"

देश की राजनीति के प्रति नयी कविता उदासीन रही थी, किन्तु साठोत्तर कविता में राजनीति के प्रति विमुखता नहीं रही। इस कविता में जटिल राजनीति के प्रति आक्रोश का स्वर बुलन्द हुआ। यही कारण है कि निषेध का स्वर साठोत्तर कविता में उभर कर आया। देश, देशप्रेम, लोकतन्त्र सब के प्रति निषेध का स्वर प्रकट हुआ। जगदीश चतुर्वेदी की कविता है—

''देश एक लँगड़ाता वृद्ध मरीज
देश प्रेम एक
अय्यारी का दिया हुआ महामन्त्र। (निषेध)

इन कवियों का यह विद्रोह-भाव, प्रेम, यौन भावनाएँ सब कहीं प्रकट हैं। प्यार के बारे में ममता अग्रवाल लिखती हैं-

''प्यार शब्द घिसते-घिसते
चपटा हो गया है
अब
हमारी समझ में
'सहवास' आता है।''

'भुखमरी' का वर्णन करते हुए जगदीश चतुर्वेदी लिखते हैं-

''दो कुत्ते रात को मर गए
उनमें एक मादा थी
दूसरा नर
वे भी हमारी तरह सदियों से भूखे थे।''

सन् '70 तक काव्यान्दोलनों की जो बाढ़ आयी थी, आठवें दशक तक आते-आते उतर गयी। सच्चे कवि अब तक अपनी प्रतिष्ठा प्राप्त कर गये और शेष मैदान छोड़ चले गये। काव्यक्षेत्र में प्रचलित अस्वीकार, निषेध आदि के स्वर शनैः-शनैः मिट गये और काव्यक्षेत्र में सकारात्मक स्वर गूँजने लगे।

विशाल परिप्रेक्ष्य में आठवें दशक की कविता सातवें दशक की कविता का ही विकास है और यों वह साठोत्तर कविता के अन्तर्गत ही आती है। आठवें दशके के महत्त्वपूर्ण कवि वे ही हैं जो सातवें दशक से ही लिखते आ रहे थे। जगदीश चतुर्वेदी, बलदेव वंशी, श्रीकान्त वर्मा, विश्वनाथ प्रसाद तिवारी, कैलाश बाजपेयी, धूमिल, लीलाधर जगूड़ी, विनय, सौमित्र मोहन, विष्णु खेर आदि ऐसे ही कवि हैं। इनकी सूची और भी बढ़ायी जा सकती है। अज्ञेय ने 1979 में चौथा सप्तक प्रकाशित किया जिसके पाँचों कवि सातवें दशक के ही रहे हैं।

आठवें दशक के दौरान हिन्दी में कई काव्यसंग्रह प्रकाशित हुए। अज्ञेय जैसे प्रयोगवादी-नयी कविता के कवि भी लिखते रहे, अन्य साठोत्तर कवि भी लिख रहे थे। काव्यान्दोलन के नाम पर प्रस्तुत करने लायक कोई काव्यधारा अब प्रस्तुत नहीं हुई। डॉ. हरदयाल की राय में यदि किसी काव्यधारा को विशेष आन्दोलन के रूप में प्रस्तुत करने को है, तो वह है विचारवादी काव्यधारा। कथा-साहित्य की पत्रिका के रूप में विख्यात 'संचेतना' ने अपने मार्च-जून, 1973 का अंक 'विचार कविता' विशेषांक के रूप में प्रकाशित किया। यही ग्रन्थ रूप में 'विचार कविता की भूमिका' के नाम से प्रकाश में आया। बलदेव वंशी द्वारा सम्पादित समकालीन कविता, विचार

कविता, पुस्तक तथा उन्हीं के 'आधुनिक हिन्दी कविता में विचार' (1981) नामक शोध प्रबन्ध में विचार कविता की अवधारणा को और पुष्ट कर दिया।

पिछली काव्यधाराओं से भिन्न आज की नयी सर्जनात्मकता की सूचक कविता को ही विचार-कविता नाम दिया गया है। विचारों की प्रामाणिकता के प्रति आग्रह ने ही इस नाम को सार्थक किया है। विचार कविता भावुकता व रूमानियत का विरोध करते हुए यथार्थ अनुभूति को स्वीकार करनेवाली कविता है तथा उसका मुख्य बल है विचार की प्रामाणिकता। इसके कारणरूप यही प्रस्तावित हुआ कि आज भावुक होकर जीवन बिताया नहीं जा सकता, क्योंकि हमारी व्यवस्था ने व्यक्ति को वस्तु या यन्त्र मानव (Robot) बनाया है।

राजनैतिक परिस्थितियों के बदलाव के फलतः 1970 के बाद वामपन्थी कविता का नारा पुनः बुलन्द हो उठा। यों हिन्दी में फिर एक बार प्रगतिवाद का दौर चला, जो 'नवप्रगतिवाद' नाम से माना जाता है। प्रचलित सामाजिक राजनैतिक भ्रष्टाचारों का तथा भयानक शोषण का इससे बेनकाब चित्र प्रस्तुत किया। देश में जब आपात्काल की घोषणा हुई तब अधिकांश कवियों ने इसका विरोध किया। भवानीप्रसाद मिश्र की 'त्रिकाल सन्ध्या', बलदेव वंशी का 'काला इतिहास' दोनों में भारत के इस काले इतिहास के चित्र अंकित हैं। राजनैतिक भ्रष्टाचारों का कवियों ने खुल्लमखुल्ला विरोध किया। सत्ताधारियों व उनके निकटवर्तियों की मनोवृत्ति का व्यंग्यचित्र जरा निहारें-

"आलमपनाह जानते थे
आलमपनाह के आगे और पीछे
सिर्फ आलमपनाह हो सकते हैं
आलमपनाह ने उनसे कहा-
मेरे बाद कौन?
उन्होंने आपस में पूछा-
आलमपनाह के बाद कौन?
उन्होंने तब पाया-
आलमपनाह के बाद सिर्फ
आलमपनाह।"

(नरेन्द्र जैन)

आठवें दशक की कविता में अध्यात्म की ओर कवियों की आस्था के स्वर भी मुखरित हैं। यह नव अध्यात्मवाद भारतीय एवं पाश्चात्य संस्कृतियों के संगुम्फन के रुप में ही प्रकट होता है। इस दशक में नयी कविता की स्वीकृति की उद्घोषणा के

रूप में 1978 में अज्ञेय जी की 'कितनी नावों में कितनी बार' शीर्षक काव्यकृति भारतीय ज्ञानपीठ द्वारा पुरस्कृत हुई।

साठोत्तर कविता ने कविता के संवेदन पक्ष के साथ-साथ शिल्प के क्षेत्र में भी परिवर्तन किये हैं। इस काल में भाषापरक परष्किार ख़ूब हुए। अब काव्यभाषा गद्य भाषा के निकट पहुँच गयी है। यही कारण है कि सपाटबयानी समकालीन कविता की मुख्य मुद्रा के रूप में रेखांकित हुई है। पाठकों से सीधा संवाद इससे सम्भव होता है। वस्तुतः हिन्दी की समकालीन कविता निरन्तर विकास की ओर अग्रसर हो रही है तथा नये क्षितिजों को छूने को आकुल हो रही है।

हिन्दी के अनेकों गीतकार भी इस दौरान गीतों एवं नवगीतों का प्रणयन करते रहे। इस दौरान निश्चित प्रबन्धकाव्यों के अवलोकन के बगैर नयी कविता की विकास-यात्रा का विश्लेषण अधूरा ही रह जायगा। यद्यपि अपनी व्यक्तिवादी चेतना के कारण यह युग प्रबन्धकाव्यों के उतने अनुकूल साबित नहीं हुए, तथापि इस काल में प्रबन्धकाव्यों का सृजन अवश्य हुआ है। गुणवत्ता की दृष्टि से इनमें कम काव्य ही बेहतर निकल सके हैं। इस दौरान विरचित प्रबन्धकाव्य मुख्यतया दो ढंग के हैं- एक परम्परावादी तथा दूसरा नयी चेतना को नये शिल्प में पेश करनेवाला। प्रबन्ध ाकाव्यों में भी महाकाव्य से अधिक खण्डकाव्य ही अधिक विरचित हुए हैं। धर्मवीर भारती की 'कनुप्रिया', 'अन्धायुग' आदि 'नयी कविता' की प्रबन्धोपलब्धियाँ हैं तो डॉ. विनय के 'एक पुरुष और', कुँवर नारायण का 'आत्मजयी', श्रीनरेश मेहता के 'संशय की एक रात', 'प्रवादपर्व', जगदीश चतुर्वेदी के 'सूर्यपुत्र' आदि साठोत्तर काल की प्रकृष्ट प्रबन्धोपलब्धियाँ हैं।

इस दौरान विरचित प्रबन्धकाव्यों पर एक सरसरी निगाह यह स्पष्ट करने में सर्वथा सक्षम है कि इस काल में जो प्रबन्धकाव्य रचे गये उनमें अधिकांश मिथक काव्य हैं। पौराणिक कथा प्रसंगों को नये परिप्रेक्ष्य में पेश करनेवाले इन काव्यों का आजकल के हमारे जीवन की जटिलताओं व संघर्षों के सन्दर्भ में विशेष महत्त्व है, निजी सार्थकता भी नयी एवं व्यापक जीवनदृष्टि तथा नूतन सृजनात्मक क्षमता के बल पर अनेकों कवियों ने मिथकों पर रचनात्मक यात्राएँ की हैं। रामायण तथा महाभारत के विभिन्न प्रसंग ऐसे कवियों के प्रेरणास्रोत रहे हैं।

नाट्यशैली, नाटकीय एकालाप आदि काव्यशैलियाँ, प्रबन्धकाव्य को नवयुग की देन हैं। अन्धायुग, कनुप्रिया, प्रवादपर्व, संशय की एक रात आदि नाट्यशैली में विरचित प्रबन्धकाव्य हैं।

नवयुग के प्रबन्धकाव्य शिल्प की दृष्टि से भी अपनी पूर्व-परम्परा के काव्यों से भिन्न हैं। कथा का प्रबन्धत्व प्रबन्धकाव्य का प्रमुख लक्षण रहा था, नयी कविता

के युग में यह तत्त्व घिस गया। अब प्रबन्धत्व कथा का न रहकर कभी-कभी विचारों में भावों का मात्र रह गया है। काव्य तथा सर्गों (यदि हो तो) के प्रतीकात्मक व बिम्बात्मक नामकरण की प्रवृत्ति भी इस काल की शिल्पगत उपलब्धि है। छन्द के क्षेत्र में भी इस दौरान प्रबन्धकाव्य ने क्रान्ति की है। प्रबन्धकाव्यों में मुक्तछन्द की स्वीकृति एक महत्त्वपूर्ण देन ही है। सन् '70 के बाद के प्रबन्धकाव्यों में कलात्मक एवं बिम्बात्मक भाषा का स्थान गद्यवत् भाषा ने ले लिया है। 'सपाटबयानी' नयी कविता की भाँति प्रबन्धकाव्यों में भी स्वीकृत होने लगी।

समवेततः हिन्दी की नयी कविता मुक्तक कविताओं, लम्बी कविताओं, गीतों व नवगीतों तथा प्रबन्धकाव्यों को अपने में समेटकर नये आयामों की खोज में अपनी यात्रा ज़ारी कर रही है।

श्रीनरेश मेहता के दो प्रबन्धकाव्य : रामकथा के दो प्रसंग : दो परिप्रेक्ष्य

समसामयिक रचनाओं में , विशेषकर प्रबन्धकृतियों में पौराणिक-ऐतिहासिक कथा- प्रसंगों को नये परिप्रेक्ष्य में पेश करने की प्रवृत्ति प्रभूत मात्रा में परिलक्षित होती हैं। 'रामायण' तथा 'महाभारम' ऐसे दो महान् ग्रन्थ हैं जिनके न कथा-प्रसंग आधुनिक कृतिकारों के उर्वर सृजनस्रोत रहे हैं । दोनों कृतियों के प्रणेताओं ने इनमें जीवन का ऐसा संगोपांग एवं जीवन्त चित्र उपस्थित किया हैं कि ये ग्रन्थ व्यक्ति, देश तथा काल की सीमाओं को लाँघकर सार्वभौतिक एवं सार्वकालिक इयत्ता को प्राप्त कर गये हैं । तथा ये ग्रन्थ उच्चतम ज्ञान के आलोकस्तम्भ बनकर आज भी विराज रहे हैं। इन दोनों ग्रन्थों में भारतीय जातीय,सांस्कृतिक एवं साहित्यिक परम्परा की प्राणप्रतिष्ठा ही हुई है। यही कारण है कि ऐसी कृतियों के कथा -प्रसंगों की ओट में आधुनिक जीवन की गतिविधियों को परिभाषित करने में आधुनिक कृती कलाकार सक्षम निकले हैं। साठोत्तर प्रबन्धकाव्यों पर एक सरसरी निगाह इस तथ्य को उजागर करनेवाली है कि नयी अर्थवत्ता के साथ वर्तमान में अतीत का प्रक्षेपण करनेवाली ऐसी रचनाओं की अपनी शक्ति है तथा सीमा भी।

रामकथा की पृष्ठभूमि में विरचित श्रीनरेश मेहता के दो प्रबन्धकाव्य हैं– 'संशय की एक रात' तथा 'प्रवाद-पर्व '। रामकथा पर आधारित श्रीनरेश जी का तीसरा प्रबन्धकाव्य -शबरी-यहाँ चर्चित नहीं।) कविवर श्रीनरेश मेहता ने रामकथा के दो प्रसंगों को अपने काव्यद्वाय में नव जीवन प्रदान किया है। प्रथम रचना का प्रकाशन सन् 1962 में तथा द्वितीय का 15 वर्ष बाद सन् 1977 में हुआ है। ये दोनों हिन्दी के दो साठोत्तर मिथक काव्य हैं। मिथक एवं मिथकीय पात्रों का हमारे सामयिक जीवन की जटिलताओं व संघर्षों के सन्दर्भ में विशेष महत्त्व है, निजी सार्थकता भी। स्वयं कवि के शब्दों में- ''रामायण वैयक्तिक चक्रव्यूहों की कथा है तो महाभारत सामाजिक व्यूहों - प्रतिव्यूहों की अनन्त त्रासद महागाथा है। एक में

दुःख भोगते मनुष्य का एकान्त वंशीरव है तो दूसरा युद्ध मानवों का भी का दुर्द्धष वाद्यवृन्द दोनों के केन्द्र में राज्य है।"[1] नयी एंव व्यापक जीवनदृष्टि तथा नूतन सृजनात्मक क्षमता के बल पर अनेकों कवियों ने इन मिथकों पर रचनात्मक यात्राएँ की हैं। आजकल के जीवन-संघर्षों, राजनैतिक विसंगतियों एवं विडम्बनाओं के सन्दर्भ में राम के मिथकीय चरित्र का पुनः सृजन ही श्रीनरेश मेहता की दोनों काव्यकृतियों में हुआ है। 'संशय की एक रात' का मिथकीय आधार राम-रावण युद्ध के पूर्व राम के मन में जाग्रत संशय है तो 'प्रवाद-पर्व' का आधार धोबी के प्रवाद पर सीता - परित्यागवाला प्रसंग है।

सर्वप्रथम 'संशय की एक रात' को परखें। युद्ध और शान्ति की समस्या मानवमात्र की सनातन समस्या रही है। समकालीन मानव प्रज्ञा को निरन्तर तराशती रहनेवाली इस समस्या पर विचार-विमर्श प्रस्तुत करने के लिए कवि ने रामकथा के राम-रावण युद्ध के पूर्व-प्रसंग तथा संशय में उलझे राम को चुना है। कवि का कथन है - "जिस प्रकार कुछ प्रश्न सनातन होते है, उसी प्रकार प्रज्ञा पुरुष भी सनातन प्रतीक होते हैं । राम ऐसे ही एक प्रज्ञा प्रतीक हैं जिनके माध्यम से प्रत्येक युग अपनी समस्याओं को सुलझाता रहा हैं।"[2]

सेतुबन्धन के उपरान्त रामेश्वरम् बालूतट पर विराजमान राम के मन को उदासी और चिन्ता घेर लेती है। वे शंकाकुल हैं कि सीता की पुनः प्राप्ति के लिए एक सार्वजनिक युद्ध करना उचित है कि नहीं । श्रीराम की शंकाओं का निवारण दशरथ और जटायु की प्रेतछायाएँ तथा मन्त्रिपरिषद् की बैठक कर देती हैं आख़िर राम इस निर्णय पर पहुँचते हैं। राम-रावण का युद्ध व्यक्तिगत नहीं बल्कि सर्वजनमंगलहित है।

युद्ध यद्यपि अप्रिय है तथापि इतिहास साक्षी है कि युद्ध के रूप में इतिहास की बड़ी -बड़ी चुनौतियों को शान्तिप्रिय लोगों को बार-बार स्वीकारना पड़ा है । विशेष सामाजिक-राजनीतिक सन्दर्भ में युद्ध शान्ति की अपेक्षा मूल्यवान् तथा स्वीकार्य होता है। लंकाकाण्ड के पूर्व राम के पूर्व राम के मन में युद्ध और शान्ति सम्बन्धी जो शंका उठी थी, वही शंका कुरुक्षेत्र की रणभूमि में खड़े अर्जुन के मन में भी उठी थी । "कर्मण्येवाधिकारस्ते मा फलेषु कदाचन" का उद्बोधन देकर अर्जुन की शंका का समाधान श्रीकृष्ण ने किया था । 'संशय की एक रात' में कई व्यक्ति मिलकर राम की शंका को दूर करने का प्रयास करते हैं। इस वजह से प्रस्तुत समस्या सम्बन्धी विविध पहलू काव्य में उभर भी सके हैं। दशरथ तथा जटायु के उपदेश, 'भगवद्गीता' के उपदेशों की ओर पाठकों को खीच लेनेवाले हैं। राम से दशरथ तथा जटायु की प्रेतात्माओं की मुलाकात तथा आपसी संवादवाली वर्णनशैली 'हैमलट' की याद दिलानेवाली है। यद्यपि ऐसे प्रेतादि के वर्णन से काव्य की आधुनिकता को

थोड़ी-सी ठेस पहुँची है तो भी शंकाकुल राम की मानसिकता का सन्दर्भ और मनोवैज्ञानिक विश्लेषण ऐसी ठेस से काव्य को एक हद तक उबार देते हैं।

राम और संशय के बीच मानों अनोखा लगाव ही प्रतीत होता है। सती सीता के चरित्र पर राम की शंका तो काफ़ी ख्यात है। रावण-युद्ध के पूर्व भी राम के मन में सन्देह उठा था। सूर्यकान्त त्रिपाठी निराला के राम को रावण-जय -भय और अपने पराजय-बोध के संशय ने घेर लिया था–

"स्थिर राघवेन्द्र को हिला रहा फिर -फिर संशय
रह-रह उठता जग जीवन में रावण जय -भय।"[3]

निराला के राम तो सीता की स्मृति मात्र से जाग्रत हो उठते हैं और तभी तो संशय मुक्त होकर हर धनुर्भंग के लिए वे सन्नद्ध हो जाते हैं ।

"ऐसे क्षण अन्धकार घन में जैसे विद्युत
जागी पृथ्वी - तनया -कुमारिका - छवि अच्युत
*   *   *
सिहरा तन ,क्षण भर भूला मन, लहरा समस्त
हर धनुर्भंग को पुनर्वार ज्यों उठा हस्त ....."[4]

किन्तु श्रीनरेश मेहता के राम इस प्रकार के टूटे हुए व्यक्तित्व के प्रतीक रूप में उपस्थित हैं कि वे शंकाओं में काफ़ी देर तक उलझे ही रहते हैं । 'राम की शक्ति पूजा "में संशय ऐन लड़ाई के मैदान में पराजित की आशंका का प्रतिफल है, लेकिन 'संशय की एक रात' में राम के मन में सम्पूर्ण युद्ध की उपयोगिता को लेकर ही संशय उत्पन्न होता है।"[5]

समस्त काव्य में आधुनिक युग का सारा संशय एक मूल्यगत संक्रमण के रूप में प्रतिष्ठित होता है। आधुनिक संशयग्रस्त मानव के प्रतीक के रूप में, प्रस्तुत काव्य में राम की अवतारणा हुई है। आधुनिक युग के खण्डित व्यक्तित्व (Split personality) का मानो वे प्रतीक बन गये हैं।

यहाँ यह ध्यातव्य है कि 'कुरुक्षेत्र' शीर्षक अपने प्रबन्धकाव्य में रामधारा सिंह दिनकर ने भी युद्ध और शान्ति की समस्या को अपना काव्य विषय बनाया है। 'कुरूक्षेत्र' मूलतः महाभारत के भीष्म - युधिष्ठिर संवाद पर आधारित काव्य है। आणुविक विश्वयुद्धों के आतंक की छाया में आज के मानव और कवि की तत्सम्बन्धी सोच अप्रासंगिक कथमपि नहीं। अन्याय के विरूद्ध लड़ना ही संगत है फिर भी यही देखा जाता है कि सत्ताधारियों के अत्याचारों व अन्यायों के विरूद्ध युद्ध छेड़ा जाता है तो दूसरी सत्ता कायम होती है। कौन जाने यह नयी सत्ता भी पुरानी सत्ता भी पुरानी सत्ता से कम अत्याचारी और अन्यायी निकले। जो भी हो आज के सन्दर्भ में युद्ध और समाधान की समस्या बहुत गम्भीर हो गयी है।

'प्रवाद-पर्व 'में श्रीनरेश मेहता ने रामकथा के और एक प्रसंग को नये परिप्रेक्ष्य में पेश किया है। धोबी के प्रवाद पर राम के द्वारा सीता के परित्याग की कथा ही इस काव्य का आधार है। किन्तु काव्य में कथा का स्थान गौण है । व्यक्ति और राज्य, राष्ट्र और राजा के सम्बन्ध, अभिव्यक्ति की स्वाधीनता के सन्दर्भ में पाठक के मन में ये प्रसिद्ध पंक्तियाँ अकस्मात् ही उभरकर आती हैं—

"इदमन्धं तमः कृत्स्नं जायेत भुवनत्रयं
यदि शब्दाह्वयं ज्योतिराचन्द्रार्क न दीप्यते।"

शब्द अथवा वाणी की असीम एवं अपरिमेय शक्ति को रेखांकित करनेवाली इन पुरानी पंक्तियों की महत्ता अब भी अक्षुण्ण है। आधुनिक सन्दर्भ में इन पंक्तियों की अर्थवत्ता और बढ़ जाती है। 'प्रवाद-पर्व' के कवि की भी उक्ति है-

"गूँगेपन से कही श्रेयस्कर है
वाचालता
जिस दिन
मनुष्य अभिव्यक्तिहीन हो जायगा
वह सबसे अधिक दुर्भाग्यपूर्ण दिन होगा।"

हाँ, मानव की अभिव्यक्ति की स्वाधीनता पर वकालत ही प्रस्तुत काव्य का कथ्य है।

राम के सम्मुख का प्रश्न यह है कि उनकी राजसी गरिमा और चरित्रमर्यादा की ओर-

"एक साधारण जन ने
अपनी अनाम तर्जनी उठायी है ।"

राम का अन्तर्मन उन्हें यही प्रबोध देता है कि उस अनाम साधारण जन की शंका का समाधान अवश्य होना चाहिए। भरत, लक्ष्मण, मन्त्री तथा अन्य सभासदों की बैठक में इस बात पर चर्चा होती है। लक्ष्मण के अनुसार वह धोबी दुःसाहसी है , भरत की राय में धाबी की यह अनधिकार चेष्टा है। किन्तु राम निर्वेद की भूमि पर खड़े होकर यह अन्तिम निर्णय ले लेते हैं कि व्यक्ति की अभिव्यक्ति की स्वतन्त्रता को मानना ही चाहिए। अतः उस अनाम, साधारण जन की शंका का एकमात्र उत्तर सीता परित्याग ही है। सीता-त्याग को अनिमेष निहारते रहनेवाले राम के प्रस्तुतीकरण के साथ 'प्रवाद-पर्व' की इति होती है।

कथ्य से कहीं अभिव्यक्त विचारों की ही प्रस्तुत कृति में प्रधानता है। अभिव्यक्ति की स्वाधीनता जो कि प्रस्तुत कृति का मुख्य मुद्दा है, के विभिन्न पहलुओं पर विभिन्न पात्रों के मुँह से विचार-विमर्श हुआ है। कोई अभिव्यक्ति की

स्वाधीनता का पक्ष-समर्थन करता है तो कोई अभव्यक्ति की स्वाधीनता के दुरुपयोग पर ज़ोर देता है। किन्तु अन्तिम फैसला यहीं होता है—

"अभिव्यक्ति की स्वतन्त्रता का दुरुपयोग
यदि अनुत्तरदायित्पूर्ण वाचालता है

...
तो
कायरतापूर्ण सहमति
उससे भी बड़ा दुरुपयोग है"[6]

राम के मुँह से अपने इस मन्तव्य के प्रोद्घाटन के लिए ही मानो श्री नरेश मेहता ने 'प्रवाद-पर्व' का प्रणयन किया है।

दो पुरा-प्रसंगों पर आधारित ये दोनो ही काव्य समसामयिक राजनीति को अत्यन्त निकट से देखने-परखनेवाले निकले हैं। प्रथम में युद्ध और समाधान की समस्या ने स्थान पाया है तो द्वितीय में आधुनिक राजतन्त्र के और एक महत्वपूर्ण पहलू 'अभिव्यक्ति की स्वाधीनता' का पर्दाफाश हुआ है। 'प्रवाद-पर्व' का प्रणयन सन् 1975 में आपात्काल (emergncy)के दौरान हुआ था। यही कारण था कि यह काव्य दो साल बाद 1977 में ही प्रकाशित हो पाया था। यह बात तो ध्यातव्य है कि आपात् काल के दौरान राष्ट्र-भर में अभिव्यक्ति की स्वधीनता पर प्रतिबन्ध लगाया गया था। रामकथा के प्रसंग को नये परिप्रेक्ष्य में पेश करते हुए कवि ने यह साबित किया है कि किसी भी देश या काल में अभिव्यक्ति की स्वाधीनता का अक्षुण्ण महत्त्व है।

प्राचीन कथा-प्रसंगों के पुनः सृजन में कवि ने यह कमाल हासिल किया है कि कथा-कथन के भीतर ही समसामयिक सन्दर्भ जगह-जगह पर गूँजते सुनायी पड़ते हैं। दोनों काव्यकृतियों से गुज़रते हुए पाठक की दृष्टि ऐसी जगहों पर अटक जाती हैं क्योंकि कवि का अभीष्ट भी यह है कि पाठक तनिक रुककर उन पर ज़रा ध्यान दें, विचार-विमर्श करें, चिन्तन-मनन करें। उदाहरणार्थ देखें:-

"युद्ध की अनिवार्यता को जानता हूँ ।
इस युद्ध के उपरान्त
होगी शान्ति
इसका तो नहीं विश्वास
यह युद्ध
सम्भव है अनागत युद्ध का कारण बनें"[7]

*　　　*　　　*

" किन्तु युद्ध दायित्व है

किसी भी पीढ़ी के लिए दायित्व है
आवेश नहीं।"[8]

*　　　*　　　*

"इतिहास
व्यक्ति को व्यक्ति नहीं
शास्त्र मानता है
अपने अन्धे उद्देश्य पूर्ति में।"[9]

*　　　*　　　*

"मनुष्य का भाषाहीन हो जाना
सृष्टि का
ईश्वरहीन हो जाना होगा ।"[10]

*　　　*　　　*

"अधिपति होने का अर्थ

राजा तो है
पर राष्ट्र नहीं
जिस दिन भी
ऐसा मान लिया जायेगा
इतिहास की वह सबसे गलत परम्परा होगी।"[11]

दोनों कृतियों में ऐसे कितने प्रसंग हैं जो पाठकों के मर्म को छूनेवाले हैं।

पौराणिक कथा-प्रसंगों को नये परिप्रेक्ष्य में पेश करने में दोनों कृतियों की शिल्प-योजना ने बड़ी भूमिका अदा की है। कवि ने अतीव कुशलता के साथ पुराने पात्रों व घटनाओं को नये सन्दर्भों के साथ जोड़ दिया है। कवि ने ऐसे ही दो प्रसंग चुन लिये हैं, जो नये सन्दर्भ में भी अपनी विलक्षणता एवं सार्थकता ग्रहण किये हुए हैं।

यथोचित बिम्बविधान तथा काव्यभाषा नें दोनों काव्यकृतियों के शिल्प को और शानदार बनाया है। 'संशय की एक रात 'तथा 'प्रवाद-पर्व'दोनो ही काव्यों में बिम्बों के क्रमिक संयोजन से कवि ने कथावस्तु का प्रस्तुतीकरण किया है। सर्गों के नामकरण ही इस तथ्य का प्रस्तुत करनेवाले हैं। यथा -'संशय की एक रात' को रात 'को ले लें। 'साँझ का विस्तार और बालूतट' (प्रथम सर्ग) में संशय की उत्पत्ति होती है,'वर्षा भीगे अन्धकार का आगमन' (द्वितीय सर्ग)में धीरे-धीरे संशय सघन होता जाता है, 'मध्य रात्रि की मन्त्रणा और निर्णय (तृतीय सर्ग) में परिषद् की इच्छा के अनुकूल राम युद्ध का निर्णय लेते हैं तथा आखिरी सर्ग (चतुर्थ सर्ग) 'सन्दिग्ध मन का संकल्प और सबेरा' में दृढ़ संकल्प के साथ राम युद्ध के लिए कटिबद्ध हो

जाते हैं। 'प्रवाद-पर्व 'के सर्गों के शीर्षक 1. इतिहास और प्रति - इतिहास,2. प्रति इतिहास और तन्त्र, 3. शक्ति : एक सम्बन्ध, एक साक्षात् 4. प्रतिइतिहास और निर्णय, 5. निर्वेद, विदा भी बिम्बात्मक हैं।

दोनों कृतियों की भाषा पौराणिकता और समसामयिकता दोनों के तत्त्वों को समेटकर चलनेवाली है। समसामयिक हिन्दी कविता के भाषा- संस्कार में श्रीनेरश मेहता ने विशेष योग दिया है। आपने काव्यभाषा को गद्य भाषा के साथ अधिक जुड़ा दिया है। आपके अनुसार 'मानवीय वाद्य का नाम भाषा है। भाषा शब्द वीणा है।"[12] आपकी यह भी राय है कि भाषा के बन्धन का नहीं मुक्ति का नाम काव्य है। भाषा में ही व्यक्ति की अस्मिता की पहचान निहित रहती है।

दोनों काव्य-कृतियों का सृजन नाट्यशैली में हुआ है। आजकल तो यह प्रबन्धकाव्यों की लोकप्रिय शैली बनी है। पौराणिक - ऐतिहासिक कथानकों को नये सन्दर्भों के साथ पेश करने के लिए वर्तमान काल में इस शैली का प्रयोग प्रचुर मात्रा में हुआ है। इस शैली का एक विशेष लाभ यह भी होता है कि कवि को विभिन्न पात्रों के मुँह से समस्या के विविध पहलुओं की अभिव्यंजना का पूरा मौका मिल जाता है।

समवेततः रामकथा के दो प्रसंगों को वस्तु एवं शिल्पगत नवीनता तथा नूतन दृष्टिकोण के साथ गरिमापूर्वक पेश करनेवाले दो आख्यान काव्य हैं- 'संशय की एक रात' तथा 'प्रवाद-पर्व' । कथा की क्षीण तन्त्रियों में बुने जाने के बावजूद भी दोनों काव्यों में अथ से इति तक प्रबन्धत्व का पूरा निर्वाह हुआ है,चाहे प्रबन्धत्व कथा न रहकर ,अभिव्यक्त भावों व विचारों का ही रहें। रामकथा के जाने -पहचाने दो कथा प्रसंगो को नूतन अर्थवत्ता के साथ पेश का ,उन्हें युग- सन्दर्भ के साथ जाड़ने का सफल प्रयास वस्तुतः दोनों कृतियों में हुआ है।

सन्दर्भ

1. महाप्रस्थान :श्री नरेश मेहता ,पृ. ६
2. संशय की एक रात : श्री नरेश मेहता (भूमिका)
3. अपरा : निराला पृ. 45 (राम की शक्ति पूजा),
4. अपरा : निराला पृ. 45 (राम की शक्ति पूजा),
5. निराला : आत्महन्ता आस्थाः दूधनाथ सिंह पृ. 142
6. प्रवाद - पर्व : श्री नरेश मेहता पृ. 101.
7. संशय की एक रात : श्री नरेश मेहता पृ. 67
8. वही पृ. 68
9. वही पृ. 85
10. प्रवाद - पर्व :श्री नरेश मेहता -पृ 52
11. वही पृ. 97
12. प्रवाद पर्व : श्री नरेश मेहता (भूमिका) पृ. 6.

आत्मान्वेषण तथा आत्मसंघर्षों से गुजरती मुक्तिबोध की कविता

'नयी कविता' के सशक्त एवं विशिष्ट हस्ताक्षर मुक्तिबोध ने अपनी प्रखर प्रतिभा के बल पर हिन्दी काव्यक्षेत्र में अपनी अलग और अनोखी पहचान बना ली है। अज्ञेय द्वारा सम्पादित तथा सन् 1943 में प्रकाशित 'तारसप्तक' ने ही उनके कवि रूप को हिन्दी काव्यक्षेत्र में प्रतिष्ठित कर दिया था। स्व. माखनलाल चतुर्वेदी द्वारा सम्पादित 'कर्मवीर' में उनकी प्रारम्भिक कविताएँ निकली थीं किन्तु उनके कवि रूप को उजागर करने में वे कम ही सक्षम सिद्ध हुईं। उनके कवि रूप को उभारने का श्रेय वस्तुतः 'तारसप्तक' की कविताओं को प्राप्त है। एक सहयोगी प्रयास होने के बावजूद भी 'सप्तक' के हर कवि का स्वर विशिष्ट रहा। 'तारसप्तक' के सम्पादकीय वक्तव्य में ही इस तथ्य की स्पष्ट उद्घोषणा की गयी थी इसमें संकलित कवि (गजानन माधव मुक्तिबोध, नेमिचन्द्र जैन, भारतभूषण अग्रवाल, गिरिजाकुमार माथुर, प्रभाकर माचवे, रामविलाश शर्मा तथा अज्ञेय) किसी एक 'स्कूल' के नहीं हैं उनमें मतैक्य नहीं है– और विशेषता यह है कि काव्य के प्रति एक अन्वेषी दृष्टिकोण ही उन्हें समानता के सूत्र में बाँधता है।

मुक्तिबोध की काव्यदृष्टि विस्तृत और उदार रही। अपनी सर्जनात्मक प्रक्रिया को वे कोई अचेतन व्यापार नहीं मानते। वे उसे ठोस वास्तविकता का साक्षात्कार मानते हैं। 'तारसप्तक' के वक्तव्य में उन्होंने स्पष्ट किया है कि "मेरे बाल मन की पहली भूख सौन्दर्य और दूसरी विश्वमानव का सुख-दुःख, इन दोनों का संघर्ष मेरे साहित्यिक जीवन की पहली उलझन थी।" विश्वमानव के सुख-दुख की ओर उनकी जो दृष्टि रही, यह उन्हें मार्क्सवाद की ओर ले गयी। मानव का सुख उनकी मुख्य समस्या हो गयी-

"मेरे सभ्य नगरों और ग्रामों में
सभी मानव
सुखी, सुन्दर व शोषणमुक्त कब होंगे?"–

उनके इस विशाल मानवतावादी दृष्टिकोण ने नये कवियों में इनकी प्रतिष्ठा को बढ़ा दिया। उनके कृतित्व में जो संघर्ष दिखायी देता है उसके मूल में उनके विलक्षण, संघर्षशील व्यक्तित्व का बड़ा प्रभाव पड़ा है। डॉ. परमानन्द श्रीवास्तव जी ने इस ओर संकेत करते हुए लिखा है- ''मुक्तिबोध की कविताएँ आत्मसाक्षात्कार की कविताएँ हैं और यह सच है कि जीवन के कठोर संघर्ष को एक बार जीवन में और दूसरी बार कविताओं में जीकर उन्होंने अपनी कविताओं को एक वृहत्तर अर्थ दे दिया है।'' उनकी कविता की सही पहचान के लिए उनके संघर्षमय जटिल व्यक्तित्व की जानकारी नितान्त आवश्यक हो जाती है।

मुक्तिबोध का जनम ग्वालियर जिले (मध्य प्रदेश) के श्योपुर कस्बे में 13 नवम्बर, 1917 को हुआ था। वे मराठी ब्राह्मण थे। उनका परिवार वर्षों पूर्व महाराष्ट्र से मध्य प्रदेश के श्योपुर आ बसा था। उनके किसी पूर्वज ने खिलजी शासनकाल में 'मुग्धबोध' या 'मुक्तबोध' नाम का कोई आध्यात्मिक ग्रन्थ रचा था। कालान्तर में उसी पर वंश का नाम चल पड़ा। मुक्तिबोध के पिता माधवराय मुक्तिबोध ग्वालियर राज्य के पुलिस विभाग में अधिकारी थे। बड़े ही धर्मनिष्ठ, कर्त्तव्यपरायण, साथ-ही-साथ निर्भीक, साहसी भी। पुत्र पर भी ये सारे गुण प्रकट हुए। माँ पार्वती बाई पढ़ी-लिखी धर्मपरायणा महिला थीं। धर्मपरायण पार्वती जी ने अपने बेटे को गजानन नाम दे दिया। उनके तीन भाई थे। छोटे भाई शरच्चन्द्र मुक्तिबोध मराठी के प्रतिष्ठित कवि है।

बी.ए. पास होने पर पिता की इच्छा थी कि वे वकील बनें। किन्तु तत्कालीन राजनैतिक वातावरण ने उन्हें राष्ट्र तथा राष्ट्रीय समस्याओं की ओर खींच लिया। वे बड़े भावुक थे। उपेक्षितों व दलितों के प्रति उनकी बड़ी सहानुभूति थी। सन् 1939 में अपनी पारिवारिक रूढ़िवादी परम्पराओं के विरुद्ध घर में काम करने के लिए आनेवाली स्त्री की पुत्री शान्ताबाई से उनका प्रेम-प्रसंग शुरू हुआ और आख़िर उससे शादी भी कर डाली। सामाजिक परम्पराओं के प्रति उनका यह पहला विद्रोह था। उनके भाई के शब्दों में वे सच्चे अर्थ में 'रिबेल' थे। रिबेल होने के कारण एकाकी भी थे, निर्वासित भी। उसकी झलक उनके काव्य पर भी दृष्टिगत होती है।

सन् 1940 में शुजालपुर (उज्जैन-भोपाल के बीच का स्टेशन) के शारदा शिक्षा सदन में वे अध्यापक हो गये। यहीं रहकर 'तारसप्तक' की कविताओं की रचना आपने की। सन् 1942 में मुक्तिबोध शुजालपुर छोड़कर उज्जैन आ गये और करीब तीन साल तक वहीं रहे। इस दौरान प्रगतिशील चेतनावाले युवकों को प्रेरणा एवं प्रोत्साहन देने के लिए उन्होंने 'मध्यभारत प्रगतिशील लेखक संघ' की स्थापना की। संघ के तत्त्वावधान में जो बड़ी-बड़ी बहसें चलती थीं, उनके फलस्वरूप आपके चिन्तन की दिशाएँ परिवर्तित होने लगीं। जीवन के प्रति पुरानी आस्था, विश्वास और मान बदलने लगे। 1945 में कुछ समय तक मुक्तिबोध ने 'हंस' के सम्पादकीय

विभाग में भी काम किया। आर्थिक विपन्नताओं से गुजरते हुए भी उनका सृजनकार्य निरन्तर गतिशील रहा। 1946-47 में वे जबलपुर तथा 1948 में नागपुर आये। नागपुर से प्रकाशित 'नया ख़ून' पत्रिका का सम्पादन आपने किया। जबलपुर से प्रकाशित 'वसुधा' पत्रिका में धारावाहिक रूप में मुक्तिबोध की डायरी निकली। इसी दौरान 'कामायनी - एक पुनर्विचार' शीर्षक समीक्षात्मक कृति की भी रचना उन्होंने की। 'एक साहित्यिक की डायरी' तथा 'कामायनी - एक पुनर्विचार' कृतियों ने उनके समीक्षक व्यक्तित्व को उभारने में बड़ा योग दिया। सन् 1954 में मुक्तिबोध ने नागपुर विश्वविद्यालय से एम.ए. किया और राजनांदगाँव के दिग्विजय कॉलेज में प्राध्यापक बन गये। राजनॉदगाँव का जीवनकाल उनके जीवन की अपेक्षाकृत स्वस्थ घड़ियाँ रहीं। 'ब्रह्मराक्षस', 'दिमागी गुहान्धकार का ओरांग उटांग', 'अँधेरे में', 'चाँद का मुँह टेड़ा है' जैसी उनकी बहुचर्चित कविताएँ इस दौरान विरचित हुई थीं। सन् 1964 में पक्षाघात के शिकार हुए तथा लम्बी बीमारी से संघर्ष करते हुए सितम्बर 1964 में ही उनकी मृत्यु भी हो गयी। अधूरी ज़िन्दगी जीकर भी आप अपनी कविता में पूरा जीवन उभारने में सफल हुए।

मुक्तिबोध की कृतियाँ

चाँद का मुँह टेढ़ा है (कविता)
एक साहित्यिक की डायरी
नयी कविता का आत्मसंघर्ष (निबन्ध-संग्रह)
कामायनी - एक पुनर्विचार (समीक्षा)
भारत - इतिहास और संस्कृति
काठ का सपना (कहानी-संग्रह)

मुक्तिबोध का जीवन संघर्षों का रहा। जिन्दगी भर वे लड़ते रहे। समाज से, जीवन से, इतिहास से तथा सबसे अधिक अपने-आप से वे लड़ते रहे। इन समस्त संघर्षों की आपकी कविताएँ उभार देती हैं। कहा गया है कि उनकी कविताएँ उनकी ज़िन्दगी का 'एक्सरे' हैं तथा उनकी जिन्दगी कविताओं की सन्दर्भ-संकेतिका।

वे प्रतिबद्ध कलाकार थे। जिन्दगी के कविता और कविता से जिन्दगी को जोड़कर प्रस्तुत करनेवाले थे। जीवन के संघर्षों से लगातार जूझते रहे मुक्तिबोध अपने समाज और सामाजिक प्राणी को संघर्षमुक्त देखने की तमन्ना रखनेवाले थे। वे विद्रोही भी अव्वल दर्जे के थे। अतः किसी भी संघर्ष के सम्मुख झुके या हारे नहीं। शोषण और अन्याय को वे क़तई सह नहीं सकते थे। उनमें निषेध का स्वर था, किन्तु वह स्वर मानवता का विरोधी कदापि नहीं रहा।

मुक्तिबोध घुमक्कड़ प्रकृति के व्यक्ति थे। उनकी एकान्त यात्रा के सम्बन्ध में उनके मित्रों ने खूब कहा है। वीरान रास्तों पर भटकना, बीड़ी सुलगाते हुए और

मूँगफली खाते हुए दूर-दूर तक चलने की उनकी आदत थी। उनकी कविताओं में जगह-जगह पुराने कुएँ, बावड़ी में डूबी सीढ़ियाँ, खँडहर घने बरगद, उदुम्बर टूटे-फूटे मन्दिर आदि का भी ज़िक्र अनेक बार अनेक सन्दर्भों में आता है, उनके निजी अहसास का है।

मुक्तिबोध कविताओं में यत्र-तत्र भयावह और ऐसी स्थितियों का चित्रण मिलता है। इसका कारण यह बताया जाता है कि वे जासूसी और वैज्ञानिक उपन्यास खूब पढ़ते थे। उनके पुत्र रमेश मुक्तिबोध के अनुसार वे अपने अन्तिम दिनों में जासूसी उपन्यास और 'साइन्स फ़िक्शन' बहुत पढ़ते थे। उनकी कविताओं में अचानक, एकाएक, सहसा, झटपट जैसे शब्द बार-बार आये हैं। जासूसी उपन्यासों के अकस्मात् घटित सन्दर्भों को उनकी कविताओं में अक्सर देखा जा सकता है। 'ब्रह्मराक्षस', 'लकड़ी का बना हुआ रावण' आदि कविताएँ इसके प्रस्पष्ट प्रमाण हैं। लगता है कि कवि क़दम-क़दम पर पाठकों को अजीबोगरीब दुनिया का साक्षात्कार कराता है और उनकी चेतना को झकझोर देता है।

मुक्तिबोध ने अपनी संघर्ष-भरी, पीड़ाग्रस्त और अधूरी ज़िन्दगी को जिस धैर्य और साहस के साथ जिया, उसी धैर्य और साहस की माँग उनकी कविताएँ भी करती हैं। वे रुक-रुककर सोच-सोचकर पढ़ी जानी चाहिए। अन्यथा उनके भाव और बिम्ब पूरे-के-पूरे समझ में नहीं आयेंगे। उनकी गहरी और विशाल जीवनदृष्टि ने कितनी ही गहन आभ्यन्तर स्थितियों के विराट् एवं जटिल बिम्ब प्रस्तुत किये हैं।

मुक्तिबोध की काव्य-चेतना प्रथमतः 'तारसप्तक' में निखर उठी। उनकी सत्रह कविताओं को इसमें जगह मिली। 'सप्तक' के कवियों में मुक्तिबोध का वैशिष्ट्य इसमें है कि जब दूसरे कवि रूमानी कविता से अलग हटकर नया प्रयोग करने का प्रयास करते हुए भी रूमानी संवेदना और भाषा से पूरी तरह मुक्त न हो सके, तब मुक्तिबोध ही एक ऐसे कवि रहे जिनका व्यापक अहसास रहा तथा जो अपने परिवेश से गहरे जुड़े भी रहे। उनकी प्रगतिवादी दृष्टि, परिवेशबोध, सामाजिक चिन्तन आदि के कारण उनका अलग व्यक्तित्व है। जीवन की बहुविध छवि को लेकर विकसित नयी कविता के उन्नायक कवि वस्तुतः मुक्तिबोध ही हैं। जनजीवन में आस्था तथा लोक परिवेश से गहरी सम्पृक्ति उनकी कविता की खास मुद्राएँ हैं। डॉ. नामवर सिंह की राय में- "नयी कविता में मुक्तिबोध की स्थिति वही है जो छायावाद में निराला की थी। निराला के समान ही मुक्तिबोध ने अपने युग के सामान्य काव्य युग के सामान्य काव्यमूल्यों को प्रतिफलित करने के साथ ही उनकी सीमा को चुनौती देकर उस सर्जनात्मक विशिष्टता को चरितार्थ किया, जिससे तत्कालीन काव्य का सही मूल्यांकन सम्भव हो सका।"

'तारसप्तक' की कविताओं में मुक्तिबोध की प्रगतिशील चेतना मुखरित है। 'पूँजीवादी व्यवस्था के प्रति', 'नाश देवता', 'खोल आँखें', 'आत्मा के मित्र मेरे',

'आत्मवक्तव्य' जैसी कविताओं की मुख्य प्रवृत्तियाँ समाज-सम्पृक्ति, पूँजीवाद के प्रति घृणा व विद्रोह, शोषण से मुक्ति की ललक, आन्तरिक व्यक्तित्व की खोज आदि रही है। कतिपय कविताओं के शिल्प छायावादी रुमानियत से प्रभावित है। 'आत्मसंवाद' कविता में नाट्य शैली है। आत्मविश्लेषण की शैली में विरचित इस कविता को फैटेसी की पूर्वपीठिका मानने में कोई आपत्ति नहीं।

'चाँद का मुँह टेढ़ा है' मुक्तिबोध की अट्ठाईस कविताओं का संकलन है। सम्पादक श्रीकान्त वर्मा हैं। सन् 1950 से मृत्युपर्यन्त विरचित कविताएँ इस संकलन में समाविष्ट हुई हैं। मुक्तिबोध की कविता का विकसित आयाम इस काव्यसंग्रह में द्रष्टव्य है। इस काव्यविकास को आँकते हुए हरिचरण शर्मा जी ने लिखा है- "...तारसप्तकीय मुक्तिबोध और 'चाँद का मुँह टेढ़ा है' के मुक्तिबोध में अन्तर है। लेकिन यह अन्तर एक वृत्त से अनेक वृत्तों के रूप में विस्तार पाता गया है। लगता है कवि धीरे-धीरे थाह-थाहकर रास्ते के हर सन्दर्भ को देख-समझकर आगे बढ़ा है। यही कारण है कि जीवन की सच्चाई के विविध स्तर उनके मानस में कठोर सत्यों के रूप में भरते गये हैं और उभरते गये हैं कविताओं की शैली में।"

'चाँद का मुँह टेढ़ा है' की अधिकांश कविताएँ लम्बी और कथातत्त्व को लेकर चलनेवाली हैं। ये कथातत्त्व या 'पोयटिक थीम' समसामयिक जीवन के भयावह, घिनौने, कारुणिक एवं संवेदनापूर्ण चित्रों के एलबम प्रस्तुत करते हैं। लम्बी कविताओं में कवि ने बड़े नाटकीय ढंग से बाहरी और भीतरी दुनिया के चित्र पूरी ईमानदारी के साथ उतारे हैं।

बाहर प्रकट होनेवाली रूपाकृति के वर्णन से कवि तृप्त नहीं होते, भीतरी दुनिया का भी वे चित्र खींचते हैं। मानव की भीतरी दुनिया के चित्रांकन में उन्हें अपूर्व सफलता मिली है। कवि के मुताबिक आदमी के दो रूप होते हैं। उसका आन्तरिक रूप जो है वह बाहरी रूप से नितान्त भिन्न होता है। इस भीतर के व्यक्ति को उसकी तमाम शंकाओं व विलक्षणताओं के साथ कवि पेश करते हैं। यह व्यक्ति हमारे समीप है या हमसे जुड़ा है, तभी तो हम इसे देखकर चौंकते हैं। कारण यह है कि जो भीतर है वह बाहर से कहीं अधिक डरावना और घिनौना है-

"भीतर जो शून्य है
उसका एक जबड़ा है
जबड़े में मांस काट खाने के दाँत हैं
उनको खा जायेंगे
तुमको खा जायेंगे।"

वर्तमान परिवेश में व्याप्त अभाव, तनाव, घुटन, षड्यन्त्र, स्वार्थ सभी स्थितियों का सच्चा अंकन मुक्तिबोध की कविताएँ प्रस्तुत करती हैं। त्रासदियों का वर्णन

करके कवि मानव की जटिलता की ओर अधिक धँसाने का प्रयत्न नहीं करते, उनको मुक्ति दिलाने का ही है।

'लकड़ी का बना रावण', 'एक भूतपूर्व विद्रोही' की आत्मकथा', 'चाँद का मुँह टेढ़ा है', 'डूबता चाँद कब डूबेगा' जैसी कविताएँ उनकी द्वन्द्वात्मक भौतिकवादी चिन्तना की सप्राण प्रमाण है। 'लकड़ी का बना रावण' कविता में वर्ग-संघर्ष के व्यापक रुप का चित्रण हुआ है। पूँजीवादी व्यवस्था के ध्वंस की यह कविता सूचना देती है। वर्ग-संघर्ष का अहसास, श्रमिकों व पीड़ितों के सूखे अधरों के लिए सहानुभूति का जल, पूँजीवादी व्यवस्था की भर्त्सना, वर्गरहित समाज की आकर्षक कल्पना, प्रतिबद्धता जैसे तत्त्व इस कविता में काव्यात्मक धरातल पर प्रस्तुत हुए हैं।

मार्क्सीय चेतना से अनुप्राणित कवि की कविताओं में जनसाधारण के प्रति सहानुभूति तथा शोषक वर्ग के प्रति क्षोभ का भाव मुखरित है। उच्चवर्गीय लोगों से कवि अपने को कोसों दूर अनुभव करते हैं। हमेशा ही उनकी उक्ति रही है-

''मैं तुम लोगों से दूर हूँ।" क्योंकि "तुम्हारी प्रेरणाओं से मेरी प्रेरणा इतना भिन्न है कि तुम्हारे लिये जो विष है, मेरे लिये अन्न है।''

आत्मान्वेषण या आत्मसाक्षात्कार के स्तर को पकड़नेवाली कविताएँ हैं- 'ब्रह्मराक्षस', दिमागी गुहान्धकार का ओरांग उटांग', 'मेरे सहचर मित्र', 'चकमक की चिनगारियाँ', 'अँधेरे में' आदि। अस्मिता की खोज की प्रक्रिया के दौरान कवि के कथ्य अति तिक्त एवं कटु हो जाते हैं।

'ब्रह्मराक्षस' शीर्षक उनकी बहुचर्चित कविता में व्यक्ति की भूमिका पर आत्मसंघर्ष की अवतारणा हुई है। किस वीरान, भीषण व अनोखे परिवेश में कवि ब्रह्मराक्षस को पेश करते हैं- यह देखने लायक है-

''शहर के उस ओर खँडहर की तरफ
परित्यक्त सूनी बावड़ी
के भीतरी
ठण्डे अँधेरे में
बसीं गहराइयाँ जल की ...
सीढ़ियाँ डूबी अनेकों
उस पुराने घिरे पानी में ...
*   *   *
बावड़ी को घेर
डालें खूब उलझी हैं
खड़े हैं मौन औदुम्बर।
व शाखों पर
लटकते घुग्घुओं के घोंसले

परित्यक्त, भूरे, गोल।
बावड़ी की उन घनी गहराइयों में शून्य
ब्रह्मराक्षस एक पैठा है,

यहाँ ब्रह्मराक्षस बौद्धिक चेतना (मध्यवर्गीय व्यक्ति की बौद्धिक चेतना) का प्रतीक है। कवि की राय में संचित ज्ञानकोश, अनुभव और विद्वत्ता की सार्थकता भविष्य के प्रति समर्पित हो जाने में है। ऐसा न होने पर यह ब्रह्मराक्षस की तरह भटकता रहता है। अतीत से असम्पृक्त रहकर वर्तमान कभी सार्थक भविष्य को प्राप्त नहीं कर सकता। कवि वस्तुतः अपनी ऐतिहासिक-सांस्कृतिक परम्परा के प्रति गहरा दायित्व महसूस करते हैं। अपनी बौद्धिक चेतना के कारण व्यक्ति मुक्ति के लिए छटपटाता रहता है। वह मुक्ति की प्राप्ति के लिए जिन्दगी भर ज्ञानार्जन करता है, किन्तु वह प्रक्रिया इतनी जटिल है कि वह प्राप्त ज्ञान का व्यावहारिक प्रयोग नहीं कर पाता। अतः उलझन व भटकन ही प्राप्त होता है। शोषण का यथार्थ उसे बेचैन करता है। आत्मशुद्धि के लिए वह निरन्तर बावड़ी में स्नान करता हुआ अपनी देह को घिसता रहता है, किन्तु मैल कम नहीं होता। एक ओर उलझन तथा दूसरी ओर अपूर्ण ज्ञान उसे दम्भी बना देता है। परिणामतः उसे ऐसा अहसास होता है कि-

''गहरी बावड़ी की भीतरी दीवार पर
तिरछी गिरी रवि रश्मि के
उड़ते हुए परमाणु जब तल तक पहुँचते हैं कभी
तब ब्रह्मराक्षस समझता है सूर्य ने
झुककर नमस्ते कर दिया।
*   *   *
पथ भूलकर जब चाँदनी की किरन टकराये
कहीं दीवार पर
तब ब्रह्मराक्षस समझता है
वन्दना की चाँदनी ने।''

आखिर "गहन किंचित् सफलता अतिभव्य असफलता"– ही हाथ आती है। क्योंकि ब्रह्मराक्षस उपलब्ध ज्ञान का सही उपयोग कर नहीं पाता है, उसे व्यावहारिक ज्ञान का सही उपयोग कर नहीं पाता है, उसे व्यावहारिक नहीं बना पाता है। ब्रह्मराक्षस की ट्रेजडी आजकल के बुद्धिजीवी की ट्रेजडी है। बुद्धिजीवी की ट्रेजडी यह है कि ज्ञानोपार्जन करके भी इतिहास में वह मनोवांछित परिवर्तन नहीं कर पाता है। वह ज्ञान या 'आइडिया' को क्रिया या 'एक्शन' में ढाल नहीं पाता।

सचमुच मुक्तिबोध की ट्रेजडी भी यही रही कि वे अभिशप्त, प्रताड़ित और निर्वासित होकर जीते रहे। अपने अनुभूत को पूर्ण निष्कर्षों तक नहीं ले जा सके। श्रीकान्त वर्मा लिखते हैं- ''मुक्तिबोध स्वयं ही ब्रह्मराक्षस थे और स्वयं ही ब्रह्मराक्षस

के शिष्य भी थे। एक ज्ञानपिपासु की तरह मुक्तिबोध भी ज्ञान का अर्जन कर उसे समग्रता में दूसरे तक समर्पित करने के लिए लालायित रहे।"

'दिमागी गुहान्धकार का ओरांग उटांग' शीर्षक कविता आत्मचेतना से साक्षात्कार की प्रक्रिया को रेखांकित करती है। प्रस्तुत कविता में कवि अपने अवचेतन की ऊँची पर्तों में छिपे उस पशु से हमारा परिचय कराते हैं जो नंगा है और असभ्य भी। मानव व्यक्तित्व के अन्तरतम में छिपा यह पशु आदमी से जाने-अनजाने अकरणीय कराता रहता है। कवि ने उसे पहचान लिया है। अतः वह यह नहीं चाहता है कि यह मनुष्य का भीतरी पशु बाहर न आ जाये। वे जानते हैं कि यह ओरांग उटांग बड़े-बड़े संस्कृतज्ञों व तार्किकों के अवचेतन में भी आसन जमाये बैठा है। जब तक मानव मन में स्वार्थ और पशुता का यह ओरांग उटांग छिपा रहेगा, तब तक उनका जीवन शापित और तापित रहेगा, उससे मुक्ति का प्रयास ही करणीय है। फैण्टेसी के सहारे मुक्तिबोध ने इसका सच्चा चित्र पेश किया है- मस्तिष्क के भीतर और एक मस्तिष्क, उसके भीतर और एक कक्ष, कक्ष के भीतर एक गुप्त प्रकोष्ठ, कोठे के साँवले गुहान्धकार में मजबूत सन्दूक और उस सन्दूक के भीतर बन्द है कोई यक्ष या ओरांग उटांग। तिलस्मी उपन्यासों का-सा वातावरण उपस्थित करके कविता को कवि और विलक्षण व गहन बना देते हैं।

'अँधेरे में' मुक्तिबोध की सर्वाधिक महत्त्वपूर्ण और ख्यातिप्राप्त कविता है। विभिन्न आलोचकों ने इसे विभिन्न दृष्टिकोणों से देखने-समझने की कोशिश की है। शमशेर बहादुर सिंह ने इसे 'आधुनिक जन-इतिहास का दस्तावेज' माना है। श्रीकान्त वर्मा की राय में इसका नायक भारत है जिसके मन में बेचैनी है। डॉ. नामवर सिंह के मत में इस कविता में 'परम अभिव्यक्ति की खोज के धरातल पर अस्मिता की खोज है।' चंचल चौहान का मत है कि यह अस्मिता की खोज की कविता न होकर आत्मविलय और आत्मविस्तार की कविता है। अँधेरे से प्रकाश की ओर, व्यक्ति से समूह की ओर, अस्मिता से आत्मविलय की ओर प्रयाण है।

'अँधेरे में' कविता हमारे देश की आजादी के पूर्व और पश्चात् का नक्शा पेश करती है। इसमें आत्मान्वेषण का अंकन हुआ है, आत्मसंघर्षों का भी। सूक्ष्म विश्लेषण करने पर पता चलता है कि इस कविता का संकेतित संघर्ष दो स्तरों पर घटित होता है- व्यक्ति के मन तथा सामाजिक भूमिका के स्तर पर। आत्मसाक्षात्कार की प्रक्रिया इस कविता में 'वह' और 'मैं' के बीच घटित होता है। 'मैं' 'वह' को पाने के लिए भटक रहा है। 'वह' रक्तालोकस्नात पुरुष है। सुविधाजीवी वृत्ति के कारण 'मैं' 'वह' से मिल नहीं पाता। आखिर कवि 'स्व' को 'पर' की सीमाओं तक ले जाते हैं'— यहीं कविता की सार्थकता है।

मुक्तिबोध की कविता का सबसे आकर्षक पहलू उनका बिम्बविधान है जो अपने ढंग का अनोखा है। उदाहरण के तौर पर 'ब्रह्मराक्षस' को ही देखें-

"ब्रह्मराक्षस
घिस रहा है देह
हाथ के पंजे, बराबर
बाँह, छाती, मुँह छपाछप
खूब करते साफ।"

यहाँ दृश्यबिम्ब भी है, ध्वनिबिम्ब भी। मानव मन की जटिलताओं की अभिव्यक्ति के लिए उन्होंने गहन गुफाओं का बिम्ब अपनाया है। इसी प्रकार पुराने कुएँ, बावड़ी, बावड़ी में डूबी सीढ़ियाँ, खँडहर, भैरो का मन्दिर, घने बरगद, औदुम्बर आदि का उल्लेख उन्होंने बार-बार किया है। ये बिम्ब एक ओर कवि के घुमक्कड़ जीवन से जुड़े हुए हैं तो दूसरी ओर उपचेतन मन में होनेवाली हलचल का संकेत देते हैं। आदिम और लोकजीवन के उपकरणों को लेकर मुक्तिबोध बिम्बों की सृष्टि ही करते हैं, वे उन्हें गढ़ते कदापि नहीं। बरगद, भैरो, बावड़ी, घुग्घू, चमगादड़ आदि के बिम्ब आदिम वन्य जीवन के भयावह वातावरण को मूर्त करने में सर्वथा सक्षम हुए हैं। कभी-कभी ये बिम्ब इतने जटिल एवं दुरूह भी हो गये हैं कि कविता ही दुरूह हो जाती है।

फैण्टेसी भी मुक्तिबोध के काव्यशिल्प का विशिष्ट अंग है। उनकी कविता की फैण्टेसियाँ एक ओर मानव चेतना के अन्ध लोकों का उजागर करती हैं तो दूसरी ओर उनकी सटीक अभिव्यक्ति भी देती हैं, सम्प्रेषणीयता को भी आकर्षक व विलक्षण बनाती हैं।

समवेत : मुक्तिबोध 'सत्‌चित् वेदना' के कवि हैं। अपनी रचनाओं में उन्होंने साधारण व्यक्ति की वेदना को सहेजने का प्रयास किया है। उनकी काव्य संवेदना 'ड्रायिंग रुम संस्कृति' से उद्‌भूत संवेदना कतई नहीं रही है। अपनी काव्ययात्रा के प्रारम्भिक दिनों में ही मुक्तिबोध ने स्पष्ट किया था- "मैं कलाकार की 'स्थानान्तरगामी प्रवृत्ति' पर बहुत ज़ोर देता हूँ। आज के वैविध्यमय उलझन भरे रंग-बिरंगे जीवन को यदि देखना है तो अपने वैयक्तिक क्षेत्र से एक बार तो उड़कर बाहर जाना ही होगा।" अपने काव्यजीवन में कवि ने इसी तथ्य को चरितार्थ कर दिया है। कविता में फैण्टेसी, नाट्यतत्त्व तथा औपन्यासिक शिल्प का उपयोग करके आपने कविता को वैविध्यपूर्ण एवं जटिल अनुभूतियों की अभिव्यक्ति के लिए सक्षम बनाया। वस्तुतः 'नयी कविता' में मुक्तिबोध का स्थान बेजोड़ है। अपने समाज की विद्रूपता और जटिल संवेदना की सफल अभिव्यक्ति के कारण उनकी कविता भारत की तत्कालीन मनोदशा की दस्तावेज निकली है।

शिलाकाव्य बेलूर - एक उदात्त काव्योपलब्धि

'कोणार्क', 'चित्रकूट', 'नूपुर' जैसे लोकप्रिय खण्डकाव्यों के प्रणेता श्री रामेश्वर दयाल दुबे जी की एक नवीन प्रबन्धकृति है- 'शिलाकाव्य बेलूर'। कर्नाटक प्रदेश के अद्भुत एवं अनुपम कलावैभव सम्पन्न बेलूर मन्दिर के निर्माण से जुड़ी मर्मस्पर्शी घटनाओं के आधार पर दुबे जी की यह काव्यकृति बनी है। कलाप्रेमी कवि को उत्कल के प्रसिद्ध कोणार्क के सूर्यमन्दिर के कलाशिल्प ने मोह लिया, तो हिन्दी साहित्य को 'कोणार्क' जैसा खण्डकाव्य मिला। अपने कर्नाटक प्रवास के दौरान कवि ने जब वहाँ के प्रसिद्ध मन्दिर बेलूर का दर्शन किया, उसके निर्माण से जुड़ी ऐतिहासिक एवं लोकप्रचलित कहानियों को सुना, तो अपनी कलामर्मज्ञता एवं भावुकता के बल पर 'शिलाकाव्य बेलूर' की रचना की।

बेलूर मन्दिर के निर्माण से जुड़े दो महान् शिल्पियों के जीवन की घटनाएँ ही प्रस्तुत काव्य की विषयवस्तु हैं। बेलूर के प्रसिद्ध मन्दिर का निर्माण दो किश्तों में हुआ था और उनके बीच साठ-सत्तर वर्षों का अन्तराल रहा। दोनों भागों के साथ एक-एक महाशिल्पी की कथा जुड़ी हुई है। प्रथम के साथ शिल्पी दासोजा की और द्वितीय के साथ जक्कणाचारी की। प्रस्तुत काव्य के पूर्वार्द्ध और उत्तरार्द्ध नामक दो खण्ड हैं जिनमें क्रमशः इन दो शिल्पियों की कथा सँजोयी गयी है।

बारहवीं शती में कर्नाटक के प्रसिद्ध राजवंश होयसल के राजकाल में बेलूर के मन्दिर के निर्माण का शुभारम्भ हुआ था। राजा की पत्नी मन्दिर निर्माण की अपनी अभिलाषा को अधूरी ही छोड़कर स्वर्ग सिधारी। अपनी प्रियतमा की इच्छापूर्ति करने का राजा ने निश्चय किया। महाशिल्पी दासोजा मन्दिर निर्माण की साधना में तन-मन से जुट गये। शनैः-शनैः मन्दिर का निर्माण प्रगति को प्राप्त करने लगा। राजनर्तकी रंजना, जिसने अपनी मोहक रूप छवि से राजा को मोह लिया था, अब शिल्पी को भी अपने मोहपाश में खींचने लगी। संयमी-सदाचारी शिल्पी पर उसका थोड़ा भी प्रभाव नहीं पड़ा। शिल्प निर्माण के 'मॉडल' के तौर पर विविध रूप-मुद्राओं में शिल्पी के सम्मुख बैठकर रंजना ने उसे लुभाने का भरसक किन्तु असफल प्रयास

किया। धीरे-धीरे दासोजा कुछ समझ गये और नारी के मोहपाश से बचने के लिए बेलूर छोड़ चले जाने का ही निर्णय उसने ले लिया। मन्दिर का निर्माण स्थगित हो गया।

अर्द्धशती से अधिक समय तक बेलूर का मन्दिर अधूरा ही पड़ा रहा। समय बीतने पर होयसल नरेश विहिग सिंहासन पर आरूढ हुए। नृत्यकला निपुण शान्तला उसकी रानी थी। श्री रामानुजाचार्य के आदेश पर राजा ने किसी महाशिल्पी को बुलाकर मन्दिर के पुननिर्माण का दृढ़ निश्चय किया। संयोगवश एक चतुर शिल्पी जक्कणाचारी मिल गये। केशवमन्दिर को पूर्ण करने की साधना में वे जुट गये। कई मूर्तियाँ बनीं। कई वर्षों तक मन्दिर निर्माण का कार्य चला। केशव की भव्यमूर्ति भी बनीं। अब मूर्ति में प्राण-प्रतिष्ठा का मुहूर्त्त आया। सारे आमन्त्रित साधु-सन्तों की उपस्थिति में अकस्मात् एक अपरिचित युवक आगे बढ़ा और बोला कि मूर्ति अपवित्र है अतः उसकी पूजा अनुचित है। सब-के-सब एकदम स्तब्ध रह गये। जक्कणाचारी का दिल दहल उठा। युवक ने स्पष्ट किया कि दोष कला का नहीं है किन्तु शिला का है। दोष सिद्ध न कर सका, तो उसने अपना सिर कटवाने का प्रण किया। उधर जक्कणाचारी ने प्रतिज्ञा की कि अगर दोष सिद्ध हो जाय तो वह अपना दाहिना हाथ काट डालेगा।

परीक्षा चली। युवक ने पूरी मूर्ति पर घिसे हुए चन्दन का लेप किया। कुछ देर बाद देखा तो मूर्ति की नाभि के निकट का चन्दन गोला दिखायी दिया। युवक ने कहा कि नाभि के नीचे का पत्थर पोला है। पत्थर तोड़ा गया तो नाभि से जल निकल पड़ा और दादुर के छोटे बच्चे भी दिखायी दिये। प्रण के अनुसार शिल्पी अपना हाथ काटने लगा तो जनता में हाहाकार मच गया। युवक ने उन्हें रोका। दोनों की आँखें मिलीं। शिल्पी समझ गया कि यह वही युवक है जिसे वर्षों पहले उसने घर पर छोड़ा था। बरसों से बिछुड़े पिता-पुत्र मिल गये। राजा-रानी, जन सब प्रसन्न हुए।

पिता-पुत्र दोनों शिल्पियों ने मिलकर केशव की मूर्ति बनायी और आचार्यगणों, साधु-सन्तों, राजा-रानी व परिजनों की उपस्थिति में गूँजती शंखध्वनियों के बीच प्राण-प्रतिष्ठा की गयी। युवक शिल्पी म्लान था कि उसे पिता मिले किन्तु माता का पता नहीं। इसी बीच श्रमिक नारियों की भीड़ में खड़ी एक स्त्री मूर्च्छित हो गिर पड़ी। इसका पता चलने में जरा भी देर नहीं लगी कि वह श्रमिक नारी युवक की जन्मदात्री माँ है।

यों केशव का देवालय बना और ममता का आलय भी पूरा हो गया।

बेलूर के विख्यात मन्दिर की प्रतिष्ठापना के सुअवसर पर आचार्य ने आशीर्वचन दिया था कि-

"...इस मन्दिर की
पाषाणी प्रतिमाएँ
सम्भव कुशल कवि द्वारा
बन जायें कविताएँ।"

वस्तुतः 'शिलाकाव्य बेलूर' की रचना करके कलामर्मज्ञ कविवर दुबे जी ने उन आचार्य के आशीर्वचन को सार्थक कर दिया है। बेलूर मन्दिर की हर शिलामूर्ति को कवि ने अपनी वाणी से अलंकृत और अनश्वर कर दिया है। मन्दिर की स्थापत्यकला, मूर्तिकला तथा गोपुरम् का मनोयोगपूर्ण वर्णन कवि ने किया है। कवि का वर्णन इतना अनूठा बन पड़ा है कि मन्दिर के हर शिल्प का आँखों देखा चित्र पाठकों के सम्मुख उपस्थित हो जाता है। उदाहरणार्थ-

"बायें कर में लिये मुकुर है
कुछ है शीश झुकाये।
भरने को सिन्दूर माँग में
दक्षिण हाथ उठाये।"

नाटकीय सन्दर्भों की योजना तथा संवादशैली प्रस्तुत काव्यकृति को और रोचक बना देती हैं। पुरानी कथावस्तु का आख्यान करते हुए भी काव्य प्रासंगिकता से बिलग नहीं होता। समसामयिक मुद्दों को यथासम्भव तथा यथास्थान जोड़कर कवि ने काव्य को समसामयिकता से समन्वित कर दिया है।

यथा -

"सर्व धर्म समभाव समन्वय
..... समता की सहदानी
एक अजिर में भिन्न धर्म भी
साथ-साथ थे रहते।"

* * *

"भारत संस्कृति सदा समन्वय
का अनुमोदन करती।
लक्ष्य एक जब, पथ विभिन्नता
कभी न बाधक बनती ॥"

* * *

"जितने भी हैं धर्म सभी में
मानव-धर्म समाया।
'प्राणि-मात्र कल्याण' सभी ने
अपना ध्येय बनाया।"

इन पंक्तियों में भारतीय संस्कृति उदात्तता, सर्व धर्म समभाव, विश्व प्रेम आदि की गूँज है जो गरिमामय भारतीय संस्कृति पर कवि की सुदृढ़ आस्था की स्पष्ट परिचायक है। कलाकारों के आदर का प्रसंग है (जहाँ स्वयं राजा आसन छोड़ उठते हैं और शिल्पी के निकट जाकर उसका सम्मान करते हैं) कवि के कलाप्रेम को उजागर करनेवाला है। तभी तो कवि की उद्घोषणा है-

''कलाकार ही कलाकार के
गौरव को पहचाने ॥''

प्रबन्धकाव्यों का प्रणयन अब बिरला ही हो रहा है और आजकल जो प्रबन्धकाव्य प्रणीत हो रहे हैं वे भी मोटे तौर पर दो प्रकार के हैं- एक परम्परागत, इतिवृत्तात्मक शैली पर विरचित तथा दूसरे नितान्त नूतन ढंग के, यानी नूतन संवेदना के संवाहक। दुबे जी का यह काव्य कला की दृष्टि से द्विवेदीयुगीन इतिवृत्तात्मक खण्डकाव्यों का अनुसरण करनेवाला है। रस संयोजना, छन्दोबद्धता, तुक आदि तत्त्व भी उसे द्विवेदीयुगीन परम्परा के खण्डकाव्य का रूप-रंग प्रदान करते हैं। खण्डकाव्य कला की दृष्टि से प्रस्तुत काव्य सर्वाङ्गपूर्ण और सफल है। विश्वविद्यालयों व अन्य हिन्दी संस्थाओं के पाठ्यक्रम के अन्तर्गत रखने के लिए सर्वथा योग्य यह कृति अवश्य ही पठनीय है।

हिन्दी कविता की वर्तमान दशा और दिशा

अतीव हर्ष की बात है कि सूचना प्रौद्योगिकी के अभूतपूर्व विकास की इस नयी सहस्राब्दी में वैश्वीकरण, उदारीकरण आदि के साथ-साथ साहित्य, संस्कृति जैसे विषय भी चर्चाओं के केन्द्र में है। साहित्य की विविध विधाओं में कविता का वृत्त बहुधा सीमित समझा जाता है। किन्तु इस सीमित दायरे में भी इसकी संवेदन क्षमता और प्रभावशालिता अन्य विधाओं से बढ़ी-चढ़ी है। यही कारण है कि इसके प्रति कविगणों और आस्वादकों का विशेष आकर्षण भी रहता है। कविता की अपनी जो संजीवनी शक्ति है उसके बल पर देश-काल की सीमाओं के परे वह चिरंजीवी रहती है।

हिन्दी कविता की वर्तमान स्थिति की सही पहचान के लिए पिछली शती के अर्थात् बीसवीं शती के कम-से-कम अन्तिम दो दशकों और इक्कीसवीं शती के प्रथम दशक की कविता की परख नितान्त आवश्यक है। इन दो दशकों की कविता से गुज़रने पर मुक्तिबोध की ये पंक्तियाँ सार्थक सिद्ध होती हैं-

"... नहीं होती, कहीं भी खत्म कविता नहीं होती
कि वह आवेग त्वरित काल-यात्री है।
व उसका मैं नहीं कर्त्ता
पिता-धाता
कि वह कभी दुहिता नहीं होती
परम स्वाधीन है वह
विश्वशास्त्री है ..."

हिन्दी कविता का वर्तमान दौर कई दृष्टियों से महत्त्वपूर्ण कहा जा सकता है। गुणवत्ता और गणवत्ता की दृष्टि से कविता के क्षेत्र में इस दौरान अनेक महत्त्वपूर्ण उपलब्धियाँ हासिल हुईं। विशेष उल्लेखनीय बात यह है कि पुरानी तथा नयी दोनों पीढ़ियों के कवि इस दौरान रचना के क्षेत्र में सक्रिय रहे। कई नवोदित कवि भी काव्यक्षेत्र में उभरकर आये।

बीसवीं शती के अन्तिम दशकों तक आते-आते हिन्दी कविता वाद मुक्ति की दिशा पकड़ने लगी। नवप्रगतिवाद, नवरहस्यवाद, नवअध्यात्मकवाद, विचारवाद, जनवाद, उत्तर आधुनिकतावाद जैसे वाद काव्यक्षेत्र में उभरकर आये, चर्चित भी हुए, किन्तु वादों के रूप में ये प्रतिष्ठित नहीं हो सके। कविता के लिए यह मुक्ति बेहतर ही रही, क्योंकि कविता किन्हीं वादविशेषों में जकड़े बगैर उन्मुक्त वातावरण में साँस ले सकी और पनप सकी।

पुरानी पीढ़ी अर्थात् प्रगतिवाद, प्रयोगवाद तथा नयी कविता के कवि इस दौरान रचनारत रहे। वर्तमान हिन्दी कविता को इनकी देन विशिष्ट है। प्रगतिवादी दौर से अपनी काव्य-यात्रा जारी रखनेवाले नागार्जुन, केदारनाथ अग्रवाल, श्रीनरेश मेहता, रघुवीर सहाय, धर्मवीर भारती, शमशेर बहादुर सिंह जैसे बुजुर्ग कवि नयी ऊर्जा के साथ काव्यसाधना करते रहे। मार्के की बात यह है कि अपने बुढ़ापे के बावजूद ये कवि वर्तमान अथवा समकालीनता को अपनी कविता में सजीवता के साथ सँजोते रहे। केदारनाथ अग्रवाल की ये पंक्तियाँ लें-

''हाड़-मांस का
मैं हूँ बूढ़ा पेड़
मैं हूँ पर अब भी
प्राणवन्त जीवन्त
मेरी भाषा की शाखाएँ
अब भी
रुचिकर रचनाओं के रूप में
कविताएँ देती रहती हैं
और मौसमी गन्ध
बाँटती रहती हैं।''

हिन्दी की वर्तमान कविता के सशक्त हस्ताक्षरों में केदारनाथ सिंह का विशिष्ट स्थान है। सन् उन्नीस सौ अस्सी में प्रकाशित 'ज़मीन पक रही है'-काव्यसंकलन की कविताएँ सपाटबयानी पर अमूर्तन या अलिखित की विजय की उद्घोषणा है। सन् पंचानबे में प्रकाशित 'उत्तर कबीर और अन्य कविताएँ' भी काफ़ी महत्त्वपूर्ण हैं। कवि का कथन है-

''उत्तर आधुनिक
या आधुनिक के उत्तर
या पता नहीं क्या
मेरे कान इन शब्दों से पक गये हैं''

इन दशकों के साहित्य में परिलक्षित उत्तर-आधुनिकता की प्रवृत्तियों के प्रभाव की ओर यहाँ संकेत है। सन् उन्नीस सौ छियानबे में प्रकाशित बाघ शीर्षक उनकी लम्बी कविता 'उत्तर कबीर और अन्य कविताएँ' काव्य-संकलन की अगली कड़ी लगती है। इक्कीस खण्डों की यह लम्बी कविता एक विशेष प्रकार की मिथकीय शैली में बुनी हुई है, जो परम्परागत नहीं। इसका अन्दाज़ नया है। इस लम्बी कविता के इक्कीस अलग-अलग खण्डों को 'बाघ' जोड़ता है। जहाँ देखो वहाँ बाघ- दिल्ली में, इस्लामाबाद में, बेइजिंग में, बगदाद में, वाशिंगटन में। वह हमारे भीतर भी है, बाहर भी। वस्तुतः बाघ एक वैश्विक डर है, आतंक है और कहीं भी वह अचानक आ सकता है। कवि के शब्दों में-

"मौसम जैसा है और हवा जैसी बह रही है
उसमें कभी भी कहीं भी
आ सकता है बाघ।"

बहुप्रतीकात्मकता को अपनानेवाले बाघ पर केन्द्रित यह लम्बी कविता उत्तर आधुनिक समस्याओं के सन्निवेश तथा नूतन शिल्पविधान के कारण वर्तमान कविता की एक अनूठी उपलब्धि है।

आजकल की बिगड़ी राजनीति के विरुद्ध सीधी-सादी भाषा में अपनी अनुभूतियों की अभिव्यक्ति करने में लीलाधर जगूड़ी को विशेष सफलता हासिल हुई है। 'रात अब भी मौजूद है', 'बची हुई पृथ्वी और घबराये हुए शब्द', 'भय भी शक्ति देता है' जैसे उनके काव्य संकलन वर्तमान हिन्दी कविता को नया मान देते हैं।

वर्तमान हिन्दी कविता के और एक हस्ताक्षर हैं चन्द्रकान्त देवताले। समाज और देश की आजकल की स्थितियों से वे बेहद परेशान हैं। समाज को सही दिशा की ओर ले जाने की कविता की अक्षमता पर अपनी परेशानी को अभिव्यक्त करते हुए कवि लिखते हैं-

" ... और यह जानते हुए भी
कि भ्रष्ट परिवेश में
व्यर्थ हो गयी है कविता,
मुझे उसी में मरना है।"

कुमार विकल, राजेश जोशी, अरुण कमल, उदय प्रकाश, मंगलेश डबराल, असद ज़ैदी, अशोक वाजपेयी, जगदीश चतुर्वेदी, ऋतुराज, राजकुमार कुम्भज, विष्णु खरे, कुमार अम्बुज, गिरधर राठी, मोहन सपरा, आलोकधन्वा जैसे कवि और उनके काव्य-संकलन इस दौरान विशेष चर्चित रहे।

पंजाब की प्रकृति, कला और संस्कृति को विशेष रूप से समेटते हुए भी कुमार विकल की कविता वृहत्तर जीवन को अभिव्यक्ति देती है। 'एक छोटी-सी लड़ाई' और 'रंग खतरे में' हैं उनकी चर्चित रचनाएँ हैं।

'एक दिन बोलेंगे पेड़' राजेश जोशी का बहुचर्चित काव्य-संकलन है। जोशी प्रतिबद्ध कवि हैं। अपने भावों और विचारों को लोककथा और मिथ के रूप में कविता में पेश करने की उनकी कला कमाल की है। सन् दो हज़ार ईस्वी में प्रकाशित उनका काव्य-संकलन है- 'दो पंक्तियों के बीच'। समकालीन हिन्दी कविता की सही पहचान कराने में जोशी की कविता सर्वथा सक्षम हैं। स्त्री पर लिखी उनकी कविता- 'प्रतिध्वनि' की कतिपय पंक्तियाँ लें-

''मुझे कई बार लगता है
स्त्रियाँ भी अगर पुरुष की तरह कम बोलतीं
तो कितनी सूनी लगती यह धरती
और बच्चे कितनी देर से सीख पाते बोलना''

प्रगतिशील धारा के कवि अरूण कमल का काव्य-संकलन 'अपनी केवल धरा' अनेक दृष्टियों से महत्त्वपूर्ण है।

उदयप्रकाश प्रतिबद्ध कवि हैं। 'सुनो कारीगर', अबूतर-कबूतर' आदि उनके काव्य-संकलन हैं। उदयप्रकाश की बेचैनी इसमें है कि मूल्यच्युति के वातावरण में मूल्यों की सुरक्षा कैसे हो। कवि प्रश्न कर उठते हैं-

''क्या कुम्हार, धर्मनिरपेक्षता और
एक दूसरे पर भरोसे को बचाने के लिए
नहीं किया जा सकता संविधान में संशोधन
सरदार जी, आप तो बचाइए अपनी पगड़ी
और पंजाब का टप्पा
मुल्ला जी, उर्दू के बाद आप फिक्र करें
कोरमे के शोरबे का
जायका बचाने की
इधर मैं एक बार फिर करता हूँ प्रयत्न
कि बच सके तो बच जाए
हिन्दी में समकालीन कविता''

स्मृति बिम्बों में अपनी कविता को ताज़ा रूप प्रदान करनेवाले कवि मंगलेश डबराल का काव्य-संकलन है 'पहाड़ पर लालटेन'। 'आवाज भी एक जगह है'- डबराल का सन् दो हज़ार ईस्वी में प्रकाशित काव्य-संकलन है।

असद ज़ैदी भी स्मृति बिम्बों के कवि हैं। उनकी कविता में एक अनोखी करुणा और उदासी अन्तर्लीन है। 'बहनें तथा अन्य कविताएँ' उनका काव्य-संग्रह है।

वर्तमान हिन्दी कवियों में अशोक वाजपेयी की अलग पहचान है। चिड़ियों, पेड़ों और बच्चों के इस कवि को आदमी की भी चिन्ता है। उनके विचार में आज के विध्वंसकारी परिवेश में समूचा आदमी नहीं बचेगा, किन्तु थोड़ा-सा सकता है। 'शहर अब भी सम्भावना है', 'एक पतंग अनन्त में', 'अगर इतने से', 'तत्पुरुष कहीं नहीं-वहीं', 'बहुरि अकेला' आदि वाजपेयी के बहुचर्चित काव्य-संकलन हैं।

बीसवीं शती के अन्तिम दशक में प्रकाशित विशिष्ट काव्यकृतियों में अशोक वाजपेयी का 'अभी कुछ और', रमेश कौशिक का 'कहीं कुछ था', जगदीश चतुर्वेदी का 'कहीं कुछ कुरेदता है मुझे' आदि विशेष उल्लेखनीय हैं।

अपने शिल्पगत प्रयोगों के कारण कुबेर दत्त का कविता-संग्रह 'काल काल आपत्ति' चर्चित रहा। सन् '96 में प्रकाशित उनका काव्य-संग्रह 'केरल प्रवास' यात्रा-स्मृति को काव्य की सार्थक अभिव्यक्ति बनाने का सफल प्रयास है। सन् '97 में प्रकाशित मोहन सपरा का काव्य-संग्रह 'बरगद को काटते हुए देखना' में विशिष्ट शैली में मानव के संघर्षों का सटीक अंकन हुआ है।

इन दशकों की और एक महत्त्वपूर्ण बात यह है कि इस दौरान बढ़ती संख्या में कवयित्रियाँ काव्यक्षेत्र में आयीं। पत्र-पत्रिकाओं में उनकी कविताएँ प्रकाशित हुईं तथा कई काव्य-संकलन भी निकले। सुनीता जैन, अनुभूति चतुर्वेदी, रश्मि मल्होत्रा, अनामिका, दिनेश नन्दिनी डालमिया, गगन गिल, मंजु गुप्ता, अर्चना त्रिपाठी, विद्या शर्मा, प्रभा खेतान, कमल कुमार, शशि सहगल आदि के नाम विशेष उल्लेखनीय हैं। इनकी कविताओं में नारी-मन की विभिन्न सूक्ष्म अनुभूतियाँ आत्मीयता के साथ अभिव्यंजित हुई हैं। प्रेम, मातृत्व, वात्सल्य आदि भाव इन कवयित्रियों की रचनाओं में और संवेदनात्मक ढंग से परिभाषित हो सके।

सुनीता जैन की 'जाने लड़की पगली', मंजु गुप्ता की 'बाँहों में उगे पंख', दिनेश नन्दिनी डालमिया की 'कविता लिख पापों को धो रही हूँ', गगन गिल की 'एक दिन लौटेगी लड़की', 'अँधेरे में बुद्ध', 'यह आकांक्षा समय नहीं', अनामिका की 'बीजाक्षर', अर्चना त्रिपाठी की 'सुखिया सब संसार है', शशि सहगल की 'टुकड़ा टुकड़ा वक़्त', जैसी कृतियाँ महिला लेखन की विशिष्ट उपलब्धियाँ हैं जिनमें नारी-मन की सूक्ष्मतम अनुभूतियाँ अभिव्यंजित हुई हैं जिसकी अभिव्यंजना मात्र नारी कर सकती है। स्त्री और शिशु पर केन्द्रित अनामिका की 'ऋषिका' शीर्षक कविता की ये पंक्तियाँ लें-

“माँ हूँ मैं, मेरे भरोसे ही
बीमार पड़ता है चाँद।
जाओ, अब दूध पिलाऊँगी मैं
सोओ कि इसे सुलाऊँगी मैं
उफ़, करवट फेरने की जगह करो
मत खींचा-तानी बेवजह करो।”

कुलमिलाकर हिन्दी कविता की वर्तमान दशा आशाजनक कही जा सकती है। नयी शताब्दी तथा नयी सहस्राब्दी की नयी माँगों के मुताबिक़ कविता को नये आयामों की ओर ले जाने के लिए युवा पीढ़ी के कविगण प्रयत्नशील हैं।

चिरजीव कवि का चिरजीव महाकाव्य

भारतीय इतिहास और पुराण ऐसे असंख्य आख्यानों व उपाख्यानों के अक्षयकोष हैं जो परवर्ती साहित्यकारों की सृजनधर्मिता के लिए उर्वर भूमि रही है। इतिहास-पुराणों के कथानकों को आधार बनाकर तथा उनसे प्रेरणा प्राप्तकर भारतीय भाषा साहित्य में अनेकों कृतियाँ विरचित हुई हैं। हिन्दी साहित्य में भी भक्तिकाल से लेकर यह प्रवृत्ति परिलक्षित होती है। आधुनिक काल के द्विवेदी-युग में पुराणेतिहासों पर आधारित प्रबन्धकाव्य प्रभूत मात्रा में प्रणीत हुए। बीसवीं शती के उत्तरार्द्ध में विरचित मिथकीय रचनाओं का आधार भी पुराणेतिहासों की कथा-उपकथाएँ हैं। मिथक-कृतियों में पौराणिक विषयवस्तुओं को नये परिप्रेक्ष्य में नयी दृष्टि से प्रस्तुत करने की प्रवृत्ति प्रमुख रही। वर्तमान में अतीत का प्रक्षेपण करनेवाले ऐसे काव्यों में पुराने कथानक वर्तमान सन्दर्भ में पेश किये गये। बीसवीं शती के अन्तिम दशकों तक आते-आते प्रबन्धकाव्यों के प्रणयन की मात्रा कम होती गयी। यद्यपि यह काल प्रबन्धकाव्यों के प्रणयन के अनुकूल नहीं समझा गया, फिर भी इस दौरान कतिपय प्रौढ़ प्रबन्धकाव्य अवश्य विरचित हुए हैं और चर्चित भी रहे हैं। इक्कीसवीं शती के प्रथम दशक के अन्तिम चरण में दक्षिण के सुप्रसिद्ध हिन्दी साहित्यकार डॉ. एन. चन्द्रशेखरन नायर ने 'चिरजीव महाकाव्य' की रचना कर हिन्दी प्रबन्धकाव्य क्षेत्र को सम्पुष्ट करने का सराहनीय प्रयास किया है।

डॉ. चन्द्रशेखरन नायर बहुआयामी प्रतिभा के धनी साहित्यकार एवं कलाकार हैं। इन्द्रधनुषी प्रतिभा के बल पर उन्होंने साहित्य की लगभग तमाम विधाओं में अपनी सफल लेखनी चलायी है। 'हिमालय गरज रहा है' शीर्षक उनका खण्डकाव्य बहुचर्चित रहा है। शताभिषिक्त डॉ. नायर जी 'चिरजीव महाकाव्य' की रचना करके महाकवि के पद पर भी प्रतिष्ठित हुए हैं। मानवमंगल तथा लोकहित के उच्चादर्श को लक्ष्यकर विरचित यह काव्य कवि के यश को और बढ़ाता है।

पुराणों में वर्णित सप्त चिरजीवों की संघर्षरत जीवनगाथा को आधार बनाकर यह काव्य विरचित हुआ है। अश्वत्थामा, महाबलि, व्यास, हनुमान, विभीषण, कृप,

परशुराम ये ही सप्त चिरजीव हैं। पुराणप्रसिद्ध सातों चिरजीव जिस प्रकार अतीत में जीवित रहे थे, अपने विलक्षण एवं विशिष्ट चित्तवृत्तियों के बल पर वर्तमान में भी जीवित हैं, भविष्य में भी वे जीवित रहेंगे। तभी तो वे चिरजीव कहलाते हैं।

मानव की दो प्रकार की चित्तवृत्तियाँ हैं- सत्वृत्तियाँ और असत्वृत्तियाँ। ये वृत्तियाँ भी चिरजीव हैं जो परिवेश और प्रसंग के अनुसार उदित होती हैं और विलीन हो जाती हैं। द्रोण पुत्र अश्वत्थामा अपने प्रज्वलित प्रतिशोध की कराल मूर्ति के रूप में वर्तमान युग में भी जीवित हैं। अपने जीवनकाल में प्रतिशोध की अग्निज्वाला बन पाण्डवकुल का सर्वनाश कर तथा बाद में शापग्रस्त होकर दर-दर भटकता रहा अश्वत्थामा अब भी मानव-मन में ज़िन्दा है जो विश्व को सर्वनाश के कगार की ओर ले जाता है। आज के अणु-युग में यत्र-तत्र सर्वत्र सर्वनाश का ताण्डव नर्तन दृष्टिगोचर हो जाता है। महाभारत-काल में भी यहीं स्थिति रही। अन्तर इतना ही रहा कि महाभारत-काल में सर्वसंहार का साधन अस्त्र-शस्त्र रहा तो वर्तमान युग में अणुबम ने वह स्थान ले लिया है।

महाबलि चिरजीव इसलिए हैं कि दानव होकर भी उन्होंने वचनबद्धता का पालन किया, अपने उच्चादर्श का पालन किया। उस महान् दानव राजा के सम्मुख साक्षात् भगवान् विष्णु को वामन के रूप में याचक बनना पड़ा। अपने उच्च आदर्श तथा चारित्रिक बल के कारण दानव बलि चिरजीव बना, देवता होकर भी वामन को वह स्थान नहीं मिला।

व्यास भी चिरजीव बने कि उन्होंने युग-युग जीवित रहकर, जीवन संघर्षों से गुज़रते हुए महाभारत तथा पुराणों का प्रणयन किया। कविगणों के बारे में कहा भी गया है- 'जयन्ति ते सुकृतिनो रससिद्धाः कवीश्वराः नास्ति येषां यशःकाये जरामरणजं भयं।' कविगण अपनी देश कालजयी कृतियों के कारण युग-युगों तक अमर और चिरजीव रहते हैं।

हनुमान साक्षात् भक्त हैं। भक्त से कहीं निःस्वार्थ कर्मयोगी हैं। अपने निःस्वार्थ कर्मयोग के बल पर भक्त और बली हनुमान वर्तमान में भी ज़िन्दा हैं। जन-जन के मन-प्राण में भारत पुत्र समा गये हैं। गति, शक्ति, भक्ति कर्म आदि के प्रतीक बनकर भविष्य में भी वह ज़िन्दा रहेगा।

राक्षस कुल में जन्म लेने के बावजूद भी अपनी धर्मनिष्ठता और सच्चरित्रता के कारण विभीषण भी चिरजीव बने हुए हैं।

अपनी विलक्षण चारित्रिक विशेषता के कारण आचार्य कृप भी चिरजीव बने हैं। आचार्य कृप की यह विडम्बना रही कि वह चाहता कुछ था और करने को विवश होता और कुछ। आज के मानव की स्थिति भी उससे कुछ भिन्न नहीं। महाभारत के आचार्य कृप की यह विवशता युग-युगों के अनन्तर अब भी मानव को सन्त्रस्त

और प्रताड़ित करता आ रहा है। धर्माधर्म को पहचानते हुए भी आज का मानव आचार्य कृप के समान अधर्म के सम्मुख तटस्थ रहने को विवश हो जाता है और कहता है क्या करें, विवशता है।

परशुराम भी चिरजीवों में एक हैं। कितने-कितने धर्म और अधर्म उन्होंने किये। कितनी-कितनी हिंसाएँ उन्होंने की। आखिर प्रायश्चित्तस्वरूप यज्ञ किया, सर्वस्व दान दिया। भारत के यत्र-तत्र कितने ही तीर्थ बनाये। इस सिलसिले में केरल भूमि की भी सृष्टि उन्होंने की जिससे केरल परशुराम क्षेत्र, भार्गव क्षेत्र आदि नामों से भी अभिहित हुए। त्रेता और द्वापर युग में जीवित परशुराम चिरजीव बनकर अब भी जीवित हैं। परशुराम नाम वस्तुतः प्रतीकार्थ में भी सार्थक है। परशुराम की गाथा से गुजरते हुए कविवर दिनकर की ये पंक्तियाँ सहज ही याद आती हैं-

"है एक हाथ में परशु, एक में कुश है। आ रहा नये भारत का भाग्य पुरुष है।" यहाँ दिनकर ने भावी भारत के कर्णधार के रूप में परशुराम का चित्र खींचा है जो योद्धा के साथ-साथ ऋषि भी हैं। भविष्य के भारत के लिए ऐसे ही ऋषि-योद्धा की आवश्यकता है। चिरजीव काव्य के कवि भी कह उठते हैं-

"अब इस कलियुग में भी
उनकी स्मृति ताज़ी है।"

प्रस्तुत काव्य में कथानक का आयाम इतना बृहत्तर है कि एक-एक चिरजीव पर पृथक्-पृथक् महाकाव्य का सृजन सम्भव है। सात चिरजीवों के पृथक्-पृथक् कथानकों को एक प्रबन्धकाव्य के रूप में ढालने का श्रमसाध्य कार्य कविवर चन्द्रशेखरन नायर ने किया है। क्योंकि चिरजीवों की कथा का वर्णन करते हुए सदैव ही उनका अहं जागरूक है। तभी तो कवि कह उठता है-

"कृपाचार्य बने चिरजीवों में एक
वर कविजनों में इस युग का मैं एक
आचार्य कृप है तो चन्द्र भी आचार्य
पर अन्तर दोनों का कितने युगों का रहा।"

अपनी चित्तवृत्तियों व चारित्रिक विशेषताओं के बल पर रामायण-महाभारत युग के सातों व्यक्तित्व इस कलियुग के अणुयुग में भी अपना वर्चस्व बनाये हुए वर्तमान हैं। तमाम काव्य के कथानकों को जोड़ते हुए तथा उनमें पूर्वापर सम्बन्ध स्थापित करते हुए कवि की उक्ति है- "एक ही विराट् पुरुष श्रीकृष्ण विराज रहे हैं चिरजीव कथा में।"

कविवर चन्द्रशेखरन नायर भारतीय संस्कृति और राष्ट्रीयता के अनन्य पुजारी हैं। इस काव्य में भी उनकी संस्कृति-सम्बन्धी उदात्त दृष्टि की स्पष्ट झलक दर्शित होती है। तभी तो श्रीकृष्ण के स्वर के बहाने कवि बोल उठते हैं—

"रहे देश अखण्ड ज्योतिर्मय
रहे देश भूखण्ड का सरताज
आवें यहाँ जगत् के मानव
पावें तीर्थयात्रा का अनुभव।"

आजकल के सन्दर्भ में, जब आतंकवादी तथा विघटनकारी शक्तियों की विध्वंसकारी करतूतों के कारण भारत की अखण्डता की संकल्पना पर ही प्रश्नचिह्न लगा हुआ है, तब ऐसी काव्य पंक्तियाँ संजीवनी शक्ति बनकर मानवता को सकारात्मक प्रवृत्तियों की ओर प्रेषित करती हैं।

विश्व मानवता की संकल्पना भी कवि के लिए अत्यन्त प्रियतर है। प्रस्तुत काव्यकृति में भी कवि इस संकल्पना को सँजोते हुए प्रकट होते हैं-

बना सकें विश्व को एक परिवार
जन-मन में पैदा हो नव-नव मनोहर
आकर्षण युगीन संकल्प मनोज्ञ।

कवि अंहिसा के पक्षधर हैं। हिंसा का सम्पूर्ण विरोध वे करते हैं।

'भारत में कभी न रहे युद्ध आगे' यही उनका उद्‌बोधन है। यही नहीं अणुशक्ति का उपयोग भी जगत् तथा मानव के मंगल हित करने का वे आह्वान देते हैं-

बनावें आट्टम का साधन
जिससे होते मानव कल्याण
जिससे बने भव्य स्वर्ग संकल्प
जिससे बने भू पर स्वर्ग विधान।

वर्तमान काल के नारी-विमर्श, प्रकृति-परिस्थिति सम्बन्धी विविध पहलू आदि भी प्रस्तुत काव्य में उभरकर आये हैं। उदाहरणार्थ देखें - द्रौपदी के वस्त्राक्षेप प्रसंग पर कवि का कथन है- नारी का अपमान अधर्म है-

उससे बड़ा अशुभ दृश्य क्या
जगत् में कोई मिलेगा अन्य।
निर्जीव नहीं है प्रकृति
भरी हैं अनन्त विभूतियाँ
प्रकट करेगा उन्हें जो
वही इस युग का व्यास है।

चिरजीवों की कथा का वर्णन करते-करते कवि अपने में ही इन चिरजीवों का अस्तित्व अनुभूत करते हैं। कवि का कथन है-

मुझमें समा हुआ है अश्वत्थामा
मुझमें जीवित रहते हैं सातों चिरजीव।

समवेततः डॉ. नायर जी के चिरजीव महाकाव्य से गुज़रते हुए, यहाँ कविवर बिहारी के दोहे को थोड़े-से हेर-फेर के साथ प्रस्तुत करना समीचीन और संगत प्रतीत होता है-

चिरजीवौ जोरी जुरै क्यों न सनेह गंभीर।
ये चन्द्रशेखर कवि, वो चिरजीव महाकाव्य ॥

चन्द्रशेखर कवि और चिरजीव महाकाव्य की जोड़ी युग-युग तक जीती रहे।